W^{Un}eek-end ^{GRAND}

COPENHAGUE

Quartier de Christianshavn

COPENHAGUE

Temple du design, chantre de l'art de vivre scandinave, pionnière environnementale, Copenhague s'affiche comme la ville modèle du XXIe s. Des ors d'Amalienborg aux hangars branchés de Kødbyen, en passant par le port coloré de Nyhavn, la capitale danoise multiplie les visages et passe maître dans l'art de la séduction. Poétique au petit matin, quand la frêle silhouette de la Petite Sirène se dessine sur le ciel rosé, l'énergie copenhaguoise s'intensifie lorsque des milliers de cyclistes déferlent le long de ses avenues. La ferveur se métamorphose en douce volupté dès que l'on pousse la porte d'un café *hyggelig*. Lové dans un canapé moelleux, on prend le temps de vivre, en respirant le parfum des bougies.

Sydhavnen Kanal

Manon Liduena est journaliste de formation et voyageuse dans l'âme. À Copenhague, elle s'est imprégnée du chic danois dans les ruelles de Nørrebro, laissé tenter par les folles nuits de Kødbyen et a savouré la vie dans un petit café *hyggelig* autour de l'université. Ses meilleures adresses sont réunies dans ce guide *Grand Week-end*.

Jean-Christophe Godet est photographe. Il a découvert la ville à pied et à vélo pour saisir au mieux ses lumières changeantes, le charme de ses ruelles anciennes, son architecture contemporaine et ses quartiers alternatifs. Ce qu'il a préféré photographier ? Nyhavn en fin de journée et l'atmosphère matinale des premiers défilés de deux-roues sur les pavés.

   Un Grand Week-end sur les réseaux sociaux

Suivez-nous sur *Facebook*, *Twitter* et *Instagram* **@Ungrandweekend**

Vous y trouverez nos photos coups de cœur, nos expériences uniques et surtout une réponse personnalisée à toutes vos questions.

Et si vous y contribuiez ? Nous aimons beaucoup voir nos guides en voyage : postez une photo de votre guide en situation et taguez-nous, nous partagerons les plus belles et récompenserons régulièrement les plus appréciées.

Les incontournables
DE COPENHAGUE

TIVOLI

Ce parc d'attractions datant du XIXe s. exhale un charme désuet.
Avec ses allées labyrinthiques et ses paons majestueux, ce jardin
ludique attire aussi bien les curieux venus déjeuner au bord du lac
que les amateurs de sensations fortes tentés par l'un de ses manèges.
Voir p. 22.

NATIONALMUSEET

Ce palais princier du XVIIIe s.
retrace l'histoire du Danemark,
ses arts et ses peuples. Des
bateaux vikings aux salons
bourgeois du XVIIIe s., le Musée
national nous embarque dans un
voyage temporel brillamment mis
en scène. Voir p. 34.

NY CARLSBERG GLYPTOTEK

Entre les branches des palmiers du jardin d'hiver se dévoilent les sculptures d'Auguste Rodin et Jean-Baptiste Carpeaux. À l'origine de ce musée d'art, la famille Jacobsen, généreux mécène, permit notamment à Gauguin d'être reconnu au Danemark. Voir p. 24.

CHRISTIANSBORG

Le cœur politique du Danemark se cache entre les murs austères du « château », autrefois résidence des rois danois. Désormais, on y visite le Parlement, les salles d'apparat, les écuries et même les cuisines, illustration surprenante de la vie quotidienne de « Borgen ». Voir p. 37.

CHRISTIANIA

On ne présente plus la « ville libre », née dans les années 1970 sur les rives des canaux de Christianshavn. Constituée de bicoques colorées et de jardins fleuris, cette enclave s'épanouit selon ses propres règles et partage avec plaisir son mode de vie décalé. Voir p. 48.

AMALIENBORG

Résidence hivernale de la famille royale, Amalienborg se compose de quatre palais néoclassiques édifiés au XVIIIe s. Le musée du palais Christian VIII permet de découvrir les intérieurs rococo et l'histoire de la dynastie des Glucksbourg. Voir p. 55.

NYHAVN

Les façades colorées du « nouveau port » datent du XVIIe s. et n'ont pourtant pas pris une ride. Véritable carte postale, le port le plus célèbre de Copenhague est une halte photogénique réjouissante, qui offre l'occasion d'embarquer sur les canaux de la capitale. Voir p. 53.

DEN LILLE HAVFRUE

Symbole mondial de la capitale du Danemark, la Petite Sirène, sculptée par Edvard Eriksen et inspirée du personnage d'Hans Christian Andersen, veille sur le port de Copenhague depuis 1913. Voir p. 57.

ROSENBORG

Ce château d'architecture Renaissance hollandaise fut commandé par Christian IV. Surnommé « le roi bâtisseur », le monarque a façonné la capitale au XVIIIe s., laissant ici ce bel édifice niché dans l'écrin de verdure des Kongens Have. Voir p. 60.

LOUISIANA

Ce surprenant bâtiment, érigé à quelques kilomètres de Copenhague, face au fjord, est entièrement dédié à l'art contemporain. Autrefois demeure du « grand veneur de la Cour », les lieux abritent désormais les œuvres de Giacometti, Jorn, Miró et Kirkeby. Voir p. 94.

10 expériences
UNIQUES

SE LAISSER GAGNER PAR LE DESIGN AMBIANT

Poussez les portes d'Illums Bolighus (p. 33), le magasin où les (jeunes) designers essaiment leurs créations à tous les étages, puis rejoignez l'irrésistible Normann (p. 83) à Østerbro !

PRENDRE DE LA HAUTEUR

Montez à l'assaut de la Rundetårn (p. 29) et de la Vor Frelsers Kirke (p. 48). L'ascension n'est pas banale et vous réserve des vues plongeantes sur la ville. Un autre belvédère ? La tour du zoo (p. 73).

FLATTER SES PAPILLES D'UN SMØRREBRØD

Pour goûter aux saveurs de la nouvelle cuisine nordique sans vous ruiner, testez les canapés de luxe ! Palægade (p. 117) et Royal Smushi (p. 33) en créent de très raffinés… !

SORTIR COMME UN COPENHAGUOIS

Louez un vélo (p. 64) et filez vers Nørrebro et Vesterbro, quartiers animés et inventifs. Ne ratez pas le Friday Delight de l'église d'Absalon (p. 148) et les bières de Warpigs Brewpub (p. 124) à Kødbyen.

PRENDRE L'APÉRO ENTRE AMIS SUR UN GOBOAT

Embarquez sur ces petits bateaux à moteur solaire, équipés d'une table et de sièges, et profitez du coucher de soleil sur les canaux de Christianshavn, en voguant au gré de vos envies... (p. 47)

RESPIRER LE PARFUM DES ANNÉES 1970

Prêt à flirter avec la contre-culture ? Christiania (p. 48) n'est pas un quartier comme les autres mais une « ville libre », libertaire, alternative, encore un peu *peace & love* !

BRONZER PARMI LES TOMBES

Eh oui, cela se fait, car les cimetières danois sont des lieux de vie ! Aux beaux jours, l'Assistens Kirkegård (p. 81) a tout du parc : on peut tenir compagnie à Andersen tout en pique-niquant...

PIQUER UNE TÊTE DANS LES EAUX DU PORT

C'est possible et c'est gratuit ! Depuis que des bains (p. 59) ont été aménagés à Islands Brygge, Fisketorvet et Sluseholmen, le « port intérieur » de Copenhague est une invitation à la baignade.

GOÛTER LA CHALEUR DE L'HIVER

Après une tonique séance de luge ou de patin à glace à Ørstedsparken (p. 69), il sera temps de sacrifier aux joies du vin chaud (*gløgg*) et d'une soirée *hyggelig* aux bougies (voir nos adresses p. 104-131 et 150).

SE CROIRE HORS DU TEMPS À DRAGØR...

... où la vie semble s'être arrêtée au siècle dernier. Flânez-y au moment des roses trémières. C'est un dédale, mais comme les rues en « -*gade* » suivent toutes l'axe est-ouest et celles en « -*stræde* » l'axe nord-sud, vous ne risquez pas de vous perdre ! (p. 98)

Un grand week-end
SUR MESURE

Première fois à Copenhague ?

Suivez notre programme pour ne rien rater des incontournables de Copenhague... Nous avons découpé la ville et ses environs en 16 quartiers. Évidemment, en trois jours, vous ne pourrez pas faire toutes ces balades. À vous de voir si vous voulez remplacer telle visite par une autre en fonction de vos centres d'intérêt.

PREMIER JOUR

➡ Le matin, rendez-vous à Slotsholmen pour visiter Christiansborg (p. 37). Déjeunez le long des canaux de Christianshavn, puis filez dans la ville libre de Christiania (p. 46). Complétez la balade par un tour en bateau-mouche avec Canal Tours (p. 195) près de Højbro

Tivoli

Rosenborg

Plads, s'il fait beau, ou optez pour la découverte du Nationalmuseet (p. 34). En soirée, vous aurez tout le loisir de flâner dans le parc d'attractions de Tivoli (p. 22).

DEUXIÈME JOUR

➡ Vous n'avez pas prévu de petit-déjeuner à l'hôtel ? Offrez-vous un brunch du côté de

Nyhavn

Nansensgade (p. 68) avant de visiter le château de Rosenborg (p. 60). À 11h30, suivez la relève de la garde jusqu'au palais de la Reine (Amalienborg, p. 55). Après quoi, direction le Design Museum, l'ancienne citadelle (Kastellet) et la Petite Sirène (p. 57) ! Le bateau-bus (Havnebus) 991 vous ramènera vers Nyhavn (p. 53). Passez la soirée dans Kødbyen, le quartier des anciens abattoirs réinvesti par les *cool kids* de Copenhague (p. 76).

TROISIÈME JOUR

➡ Enfourchez une bicyclette ! Vous pourrez plus facilement panacher vos envies : le matin, visite de la Ny Carlsberg Glyptotek et de son jardin d'hiver (p. 24). À moins que vous ne préfériez le Statens Museum for Kunst (p. 62) ? L'après-midi, virée shopping dans Nørrebro (p. 78), avant de prendre l'apéritif le long du Sortedams Sø (p. 79).

NOS CONSEILS DE VISITE

➡ De nombreux musées ouvrent leurs portes gratuitement le mercredi, renseignez-vous sur les horaires. C'est notamment le cas du Thorvaldsens Museum. En revanche, pour une entrée libre à la Ny Carlsberg Glyptotek, venez le dimanche !

Déjà venu ?

Le centre de Copenhague n'a plus de secrets pour vous ?
Filez dans les environs de la capitale, la région n'a pas fini
de vous surprendre!

Kronborg, Helsingør

ØRESTAD ET ÅRHUSGADE (QUARTIERS 7 ET 15)

Les fans d'architecture iront explorer ces deux quartiers périphériques, l'un sur l'île d'Amager (p. 98), l'autre au nord de Kastellet (p. 58), pour découvrir ces projets futuristes, qui imaginent un urbanisme à taille humaine, esthétique et responsable.

HELSINGØR ET LE CHÂTEAU DE KRONBORG (QUARTIER 15)

Direction les douves du château de Kronborg (p. 93), à 45 min au nord de Copenhague, pour se plonger dans l'ambiance d'*Hamlet*, et pourquoi pas étendre la visite au nouveau M/S Museet for Søfart (p. 93), établi sur les quais d'Helsingør.

LOUISIANA (QUARTIER 15)

Cette grande villa transformée en musée d'art contemporain (p. 94) vaut assurément un court voyage en train. Le long des vastes baies vitrées, les figures longilignes d'Alberto Giacometti et les sculptures d'Alexander Calder plongent le visiteur dans une contemplation sereine et inspirante. À prolonger dans le café du Louisiana (p. 94), tourné vers le fjord.

MALMÖ (QUARTIER 16)

La voisine suédoise (p. 100), reliée à Copenhague par un pont, mérite une journée de visite, à la découverte de son étonnant écoquartier Västra Hamnen (p. 102) et de sa longue promenade balnéaire Ribersborgs Stranden (p. 101), aux doux accents estivaux.

Louisiana

Ribersborgs Stranden, Malmö

Fêtes
& FESTIVALS

Janvier

Concerts du Nouvel An
Feux d'artifice, compte à rebours sur Rådhuspladsen puis concerts du Nouvel An au Dronningesalen et à la Koncert Huset (p. 153).
www.densortediamant.dk et www.dr.dk

Février

Legoworld
Mi-février, le Bella Center (HP par E5 ; M° Bella Center) accueille des tonnes de briques en plastique et surtout... 40 000 bambins !
www.legoworld.dk

Vinterjazz
Le complément hivernal du Jazz Festival de juillet : 3 semaines de concerts à Copenhague et dans tout le pays.
www.jazz.dk

Mars

Foires et braderies
Mi-mars, le salon de l'ameublement ouvre ses portes au Forum de Frederiksberg (Bolig i Forum – C3 ; M° Forum).
www.forumcopenhagen.dk

CPH:DOX
Mi-mars, un excellent festival du film documentaire, assorti, 10 jours durant, d'expositions et de concerts.
www.cphdox.dk

Avril

Dronning Margrethes Fødselsdag
Le 16, anniversaire de la reine. Relève de la garde en grand uniforme devant son palais d'Amalienborg (p. 55) et hymne de 1779 : *Kong Christian stod ved højen mast* (« Le roi Christian se tenait au pied du haut mât »).

Mai

CAFx
Le grand festival dédié à l'architecture danoise, organisé dans divers sites à Copenhague, Aarhus et Aalborg. Début mai, pendant 10 j., conférences et films pour découvrir les nouveaux projets des villes danoises.
www.cafx.dk

Ølfestival
La 2e ou 3e semaine de mai : festival de la bière au Tap 1 (Lokomotivværkstedet ; Otto Busses Vej 5A - HP par C5 ; 125 Kr).
www.ale.dk

Copenhagen Marathon
Le 3e dim. de mai, 13 000 participants au départ et 200 000 spectateurs en chemin, entre Islands Brygge (p. 59) et Kastellet (p. 57).
www.copenhagen marathon.dk

Kronprinsens Fødselsdag
Le 26 mai, anniversaire du prince héritier (Frederik).

Juin

Copenhagen Karneval
Début juin, Strøget et Fælledparken (p. 27 et p. 83) se parent des couleurs du Brésil. Ambiance *carioca*, samba et capoeira.
www.karneval-kbh.dk

Distortion
Dans les rues de la ville, une fiesta underground 100 % mobile et déjantée. 4 jours, début juin.
www.cphdistortion.dk

Sankt Hans Aften
Le 23 juin, le solstice d'été se célèbre ici en pique-niquant dans les parcs ou sur les plages autour d'un feu de joie.
www.visitcopenhagen.com

Juillet

Roskilde Festival
Le Woodstock danois : 8 jours d'échauffement et d'explosion musicale

à 30 min de la capitale (voir p. 86)!
www.roskilde-festival.dk

Jazz Festival
L'un des festivals les plus attendus de Copenhague : 250 000 entrées pour 1000 concerts en 10 jours.
www.jazz.dk

Opera Festival
Quand *Rigoletto* ou *La Flûte enchantée* quittent la scène pour investir la ville, ses places et ses canaux. Belle initiative ! (fin juil.-début août).
www.operafestival.dk

Août

Summer Festival
Des classiques de la musique de chambre sont interprétés par de jeunes talents. Concerts à Charlottenborg (p. 52) début août.
www.copenhagensummerfestival.dk

Copenhagen Pride
Ambiance festive et colorée pour la parade LGBT entre Frederiksberg et Vesterport.
www.copenhagenpride.dk

Malmö Festivalen
La 3e sem. d'août, on attend 1,5 million de visiteurs, côté Suède, pour les 250 concerts du festival de Malmö.
www.malmofestivalen.se

Christiansborg Rundt
Fin août, on nage le crawl sur 2 km autour du Parlement. Départ et arrivée : Frederiksholms Kanal.
www.copenhagenswim.dk

Strøm
LE festival de musique électro en Scandinavie ! *Rave* et clubbing aux quatre coins de la ville.
www.stromcph.dk

Copenhagen Cooking
Au menu de ce rendez-vous gourmet, des dégustations de nouvelle cuisine nordique. Aussi en février, dans le cadre du festival Wondercool.
www.copenhagencooking.dk

Septembre

CPH Art Week
Pendant 10 jours, fin août, les galeries et les espaces d'art contemporain ouvrent leurs portes au grand public comme aux pros, pour présenter la scène artistique contemporaine danoise.
www.cphartweek.dk

Christianias Fødselsdag
La « ville libre » de Christiania (p. 48) fête son anniversaire le 26 sept. Gâteaux, activités pour les enfants, concerts...
www.christiania.org

Blues Festival
Chaque année, durant la dernière semaine de septembre, les clubs de jazz concoctent 5 jours de blues absolu !
www.copenhagenbluesfestival.dk

Octobre

CPH PIX
De fin sept. à début oct., des projections ont lieu au Gloria, à l'Empire Bio... (85 Kr). Voir les adresses p. 136. Un must pour les cinéphiles !
www.cphpix.dk

Kulturnatten
Mi-oct., c'est la nuit de la culture : 250 musées, théâtres... ouvrent leurs portes jusqu'à minuit pour 90 Kr !
www.kulturnatten.dk

Halloween i Tivoli
Pendant les « vacances de pommes de terre » *(Kartoffelferie)*, Tivoli (p. 22) se la joue citrouilles et sorcières.
www.tivoli.dk

Décembre

Juletræstænding
Le premier dim. de l'Avent, à 16h, sur la place de l'Hôtel-de-Ville (p. 22), le Père Noël allume le traditionnel sapin.
www.visitcopenhagen.com

Jul i Tivoli
De mi-nov. à fin déc., Tivoli (p. 22) se métamorphose en marché de Noël, avec patins à glace et petits lutins *(nisser)*.
www.tivoli.dk

Visites

PAR QUARTIER

À SAVOIR

Kultorvet

VISITER COPENHAGUE

Nous avons découpé la ville en 16 petits quartiers que vous pourrez pour la plupart **visiter à pied**. Copenhague a des allures de village. Vous pourrez relier les quartiers du centre-ville (visites 1 à 7) entre eux à pied également. C'est même le meilleur moyen pour découvrir les jolies ruelles pavées et les charmants canaux du port intérieur.

Les faubourgs sont très bien desservis en **bus, métro et vélo** évidemment. En fonction de votre planning, choisissez entre les tickets à l'unité ou le City Pass, qui assure des trajets illimités sur 1 à 3 jours.

La visite 15 (Les perles de la côte, d'Helsingør à Dragør, p. 92) est un peu particulière puisqu'elle réunit une dizaine de sites, accessibles en **S-tog**, mais pas tous visitables en une seule journée.

LIRE LES CARTES

Chaque visite est accompagnée d'un plan détaillé sur lequel nous avons placé tous les **points d'intérêt** du quartier. Les **pastilles de couleur** indiquent nos bonnes adresses de restos, de bars et de boutiques. Le numéro de la pastille colorée correspond à celui attribué à chacune des adresses. Reportez-vous au chapitre concerné pour lire la notice de l'établissement.

NOS CONSEILS DE VISITE

Pour optimiser votre séjour, renseignez-vous à l'avance sur les horaires des sites qui vous intéressent. De nombreux musées sont **fermés le lundi**, prévoyez par exemple la découverte des jardins et du port (en bateau) ce jour-là.

En outre, repérez les **entrées gratuites** (le mardi à la Glyptotek, p. 24 par exemple) et la programmation des lieux (les concerts du vendredi à Tivoli, p. 22). Enfin, les faubourgs Vesterbro (p. 74), Nørrebro (p. 78) et Østerbro (p. 82) sont **très animés le week-end**, notamment par des marchés, gardez cette info en tête !

Dernier conseil, les tours guidés de l'office de tourisme (p. 194) sont un bon moyen de commencer votre visite, vous aurez ainsi un bon aperçu de la ville, avant de l'arpenter par vous-même.

Islands Brygge et Bryggebroen

LES ALENTOURS DE COPENHAGUE

La capitale danoise mérite toute votre attention, mais ses **environs** offrent également de nombreuses surprises. Si vous avez le temps, filez bronzer un après-midi sur la plage d'Amager (p. 99), marcher sur les remparts de Kronborg (p. 93) ou déambuler dans les salles du somptueux Louisiana (p. 94), votre séjour n'en sera que plus réjouissant.

Restos, bistrots p. 107 I Bars, clubs p. 135 I Boutiques p. 157

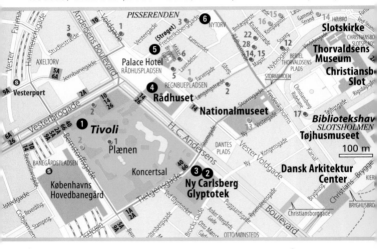

Pour un premier contact avec la ville, direction Rådhuspladsen, la place de l'Hôtel-de-Ville, autour de laquelle s'arrondissent le célèbre parc de Tivoli (attraction n° 1 de Copenhague) et le prestigieux musée de la Glyptotek. La balade se poursuit ensuite dans la très commerçante Strøget (prononcez « stroy »), l'une des plus longues rues piétonnes d'Europe.

❶ TIVOLI★★

Bien plus qu'un simple parc d'attractions, Tivoli enchante par son univers magique, qui s'anime tout particulièrement le soir, à l'heure où les lampions scintillent à la surface du lac et sur la façade Mille et une

nuits de Nimb (voir p. 107). C'est l'endroit idéal pour boire un verre en fin de journée, en profitant des concerts classiques qui se jouent au Glassalen (où H. C. Lumbye - le Johann Strauss danois - a dirigé l'orchestre durant cinquante ans) ou des Fredagsrock (les soirées rock du vendredi soir, p. 135).

Anciens remparts...

L'histoire de Tivoli commence en 1840, lorsqu'un jeune lieutenant, Georg Carstensen, a l'idée de créer un parc d'attractions à l'emplacement des anciens remparts : le site avait un vrai potentiel scénographique, d'autant que les douves pouvaient être transformées en lac. Il parvient à convaincre le roi qu'avec des feux d'artifices et une touche d'exotisme, un tel parc détournerait le bon peuple des idées révolutionnaires qui menacent alors les monarchies européennes. Sensible à l'argument, Christian VIII donne son feu vert et Carstensen réussit, en un temps record et avec l'aide de l'architecte Harald Stilling, à inaugurer Tivoli le 15 août 1843. Le premier jour, le parc accueille 3 615 visiteurs ; le dimanche suivant, 10 000 ; à la fin de la saison, 175 000 dont... H. C. Andersen. Emballé par les décors orientaux, le conteur (voir p. 44) écrira *Nattergalen – Le Rossignol et l'Empereur de Chine*. Aujourd'hui, ce sont 4,5 millions de visiteurs par an qui se pressent autour des manèges et des stands de barbe à papa.

... devenus montagnes russes

Des esprits chagrins avaient prédit que les montagnes russes *(rutschebanen)* n'auraient aucun succès car « les Danois n'aiment pas ce qui est russe » (!) mais le public est immédiatement conquis. Les gondoles qui voguent

Tivoli

sur les douves font aussi la joie des visiteurs. En 1863, Stilling édifie le grand bazar façon « Mille et une nuits » (Carstensen a passé son enfance à Alger) ainsi que la salle de concerts octogonale dite *« Glassalen »*. Au fil des ans, de nouveaux manèges ont fait leur apparition, pour le plus grand plaisir des amateurs de sensations fortes – le tapis volant, le petit train OdinExpressen, le dragon... – mais le théâtre de pantomime, lui, n'a pas changé depuis 1874 : Harlekin, Pjerrot et Columbine continuent de jouer la *commedia dell'arte* derrière le rideau « chinois », décoré de plumes de paon par

Vilhelm Dahlerup, l'architecte du Théâtre royal (voir p. 141).

(voir p. 141)

Vesterbrogade 3 • ☎ 33 15 10 01 • www. tivoli.dk • Avr.-sept., Avent (mi-nov./ début jan. sf 25 déc.) et Halloween (2e quinzaine d'oct.) : dim.-jeu. 11h-23h, ven.-sam. 11h-minuit • Entrée : lun.-jeu. 110 Kr, ven.-dim. 120 Kr, après 19h : 160 Kr ; manège à partir de 25 Kr.

❷ NY CARLSBERG GLYPTOTEK★★★

La nouvelle glyptothèque Carlsberg

Imaginez un jardin d'hiver agrémenté de palmiers des Canaries et, tout autour, sur trois niveaux, des milliers d'œuvres

❸ Pour une pause sous les palmiers : Café Glyptoteket

Pour déjeuner d'un *smørrebrød* (110-129 Kr) à l'ombre d'un palmier, une seule adresse : le café de la Ny Carlsberg Glyptotek ! Il n'est pas nécessaire d'avoir le ticket du musée pour y accéder et le cadre est ravissant : un jardin d'hiver où Stéphanie Michaud et Peter Stub servent aussi des pâtisseries maison et concoctent un brunch très convoité le dimanche !

Dantes Plads 7 ; Bus 1A, 2A, 9A, 12, 26, 33, 40 ou S-tog København H • ☎ 33 41 81 28 • www.glyptoteket. dk • Mar.-dim. 11h-18h (jusqu'à 22h le jeu.) • Déjeuner : 89-169 Kr.

Ny Carlsberg Glyptotek

d'art. Cet endroit existe bel et bien : c'est le musée que les Jacobsen, propriétaires des brasseries Carlsberg (voir p. 71), ont légué à l'État. Les Jacobsen étaient des amateurs d'art éclairés et francophiles. Carl et Ottilia collectionnaient, entre autres, les antiquités étrusques, les bustes romains et les sculptures françaises du XIXe s. (Carpeaux, Rodin).

La collection étrusque

Vous y verrez notamment une collection étrusque qui comprend un petit, mais superbe, lot de têtes sculptées et d'urnes funéraires des IIIe-Ier s. av. J.-C. Ces têtes sculptées étaient placées sur le rebord des toits des temples pour indiquer la divinité que l'on

y vénérait. Les urnes étaient décorées, en façade, de scènes de duel et, sur le couvercle, de la figure allongée du défunt.

Rodin et Gauguin

À découvrir également, *Le Baiser* de Rodin. Impressionné par ce marbre qui réunit deux amants, présenté lors de l'Exposition universelle de 1889 à Paris, Carl Jacobsen en avait aussitôt commandé une réplique. Rodin la livra en 1904. Carl la jugea « sublime » et finança d'autres sculptures, dont deux grands formats : *Le Penseur* et *Les Bourgeois de Calais*. Résultat : le musée conserve 33 œuvres de Rodin. Leur fils Helge préférait la peinture : c'est lui qui a acquis quelques-uns des chefs-d'œuvre de Gauguin, dont *Vahine no te tiare*. C'est la femme de Gauguin, Mette Gad, une Danoise expatriée, qui convainc son époux de s'installer en 1884 à Frederiksberg, pour vivre de son art – ce qu'il ne parvient pas à faire à Paris. Hélas, sa première exposition à la Kunstforeningen (voir p. 34) est un échec cuisant et Gauguin quitte Copenhague dès 1885 en recommandant à Mette : « Tâche de me faire connaître au Danemark ! » Ce qu'elle fera : à elle seule, la Glyptotek possède 33 de ses œuvres. Le musée compte aussi une belle collection de tableaux réalisés par des peintres de l'âge d'or danois (voir p. 62), ainsi qu'une terrasse avec vue imprenable sur les montagnes russes de Tivoli ! **Dantes Plads 7 • ☎ 33 41 81 41 • www.glyptoteket.dk • Mar.-dim. 11h-18h (jusqu'à 22h le jeu.) ; F. 1er jan. 5 juin, 24 et 25 déc. • Entrée : 95 Kr ; expos temporaires 110 Kr ; gratuit le mar.**

❹ RÅDHUSET★★

L'hôtel de ville
La mairie *(Rådhuset)* a été édifiée en 1905 dans le goût du « romantisme national » par l'architecte Martin Nyrop qui l'a dotée d'une tour quasi

Strøget

Rådhuset

toscane. Cette **tour** est accessible au public (lun.-ven. à 11h et 14h, sam. à 12h ; 30 Kr), tout comme l'**horloge astronomique** de 1955 (lun.-ven. 9h-16h, sam. 10h-13h ; entrée libre, sans guide) et le **jardin intérieur** (accès libre par H. C. Andersens Blvd ou Vester Voldgade). En sortant, jetez un œil sur la façade du Palace Hotel, au n° 57 de Vester Voldgade, avec son porche en « cul d'éléphant » imaginé par l'architecte Anton Rosen en 1907.

Rådhuspladsen • ☎ 33 66 25 86 • www.kk.dk • Lun.-ven. 9h-16h, sam. 10h-13h ; F. 1er jan., 24-26 et 31 déc. • Accès libre • Tours guidés : lun.-ven. à 13h, sam. 10h ; 50 Kr.

❺ « STRØGET »★

C'est ainsi que l'on appelle l'artère commerçante, constituée de cinq rues piétonnes, qui s'étire sur 1,1 km entre Rådhuspladsen et Kongens Nytorv. Elle a un côté *billig* (bon marché) et un côté *dyr* (cher). Pour échapper aux foules et au tronçon Frederiksberggade-Nygade qui n'a rien d'inoubliable, explorez les rues alentour : le Quartier latin (p. 28), par exemple, est plus authentique !

❻ Pour une pause *chai tea latte* : Lagkagehuset

Prenez un numéro, attendez votre tour et vous pourrez commander dans la boulangerie fondée par Ole & Steen un gâteau aux fruits rouges, une salade ou un thé (le « huit papillons » mêle canneberges, pétales de rose et chrysanthèmes) ! Les commandes sont soit à emporter, soit à consommer sur place.

Frederiksberggade 21 (plusieurs autres adresses dans Copenhague, voir le site Internet) • ☎ 72 48 47 77 • www.lagkagehuset.dk • T.l.j. 7h30-20h • Pâtisseries : à partir de 20 Kr, *latte* : 39 Kr.

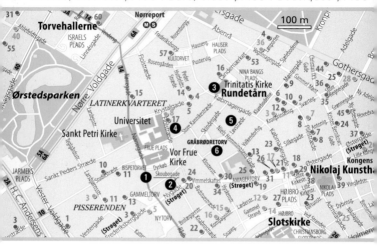

Le « Quartier latin » (Latinerkvarteret) étend ses rues paisibles autour de Nørregade. C'est une promenade charmante, qui aboutit sur la jolie place de Gråbrødretorv, très populaire, surtout au moment du festival de jazz (voir p. 17). Au nord, ne manquez pas la superbe Rundetårn et sa vue imprenable sur Copenhague.

❶ NØRREGADE★

Juste en face de Bispetorvet trône depuis 1829 **Vor Frue Kirke**, la cathédrale néoclassique de Copenhague avec ses 12 apôtres sculptés par Thorvaldsen (voir p. 36). En remontant vers le nord, la rue laisse à gauche

Sankt Petri Kirke - l'église de la communauté allemande depuis 1585. En tournant à droite sur Krystalgade, on rencontre l'ancienne bibliothèque de l'**université** (Fiolstræde 1 ; l'institution s'étend aujourd'hui sur plusieurs sites dans la ville, plus d'infos sur www.kb.dk/en/kub),

Rundetårn

dont le bâtiment néogothique date de 1861, ainsi que la **bibliothèque municipale** (Krystalgade 15 ; www.bibliotek. kk.dk ; lun.-jeu. 8h-20h, ven. 8h-18h, sam. 10h-14h), dont l'aménagement intérieur en bois mérite le coup d'œil.

❸ RUNDETÅRN★★★

En 1637, Christian IV prit l'initiative d'ériger cette tour ronde, haute de 35 m, pour permettre à ses astronomes de mieux scruter les étoiles. Aujourd'hui encore, on peut

❷ Pour une pause sucrée : La Glace

Fondée en 1870 par un dénommé Nicolaus Henningsen, La Glace est aujourd'hui la plus ancienne pâtisserie de Copenhague. Et hormis le (très discret) distributeur de tickets numérotés à l'entrée, tout est d'époque ! On s'y bouscule l'après-midi pour picorer un Karen Blixen aux truffes de moka et noisettes, ou un H. C. Andersen au citron, coulis de framboise, anis étoilé et chocolat blanc.

Skoubogade 3 ; Bus 5A, 6A, 14, M° ou S-tog Nørreport • ☎ 33 14 46 46 • www.laglace.dk • Lun.-ven. 8h30-18h, sam. 9h-18h, dim. 10h-18h • Pâtisserie : 45 Kr.

Det Grønlandske Hus

porte le monogramme du roi et les initiales de sa fameuse devise : RFP (voir p. 42). En redescendant, on ne manquera pas le Hule Kerne, le centre de la tour qui plonge de manière vertigineuse 25 m plus bas vers le point zéro du Danemark (établi au XVIIIᵉ s. pour cartographier le royaume). **Købmagergade 52A • ☎ 33 73 03 73 • www.rundetaarn.dk • Oct.-avr. : lun. et jeu.-dim. 10h-18h, mar.-mer. 10h-21h ; mai-sept. : t.l.j. 10h-20h ; F. 1ᵉʳ jan., 24 et 25 déc. • Entrée : 25 Kr.**

❺ DET GRØNLANDSKE HUS★

La Maison du Groenland
En route pour le Groenland ! Cette maison est le « centre culturel » – à Copenhague – de ce territoire danois qui bénéficie depuis 2009 d'une autonomie renforcée. Vous pourrez approfondir vos connaissances sur les régions arctiques, ainsi que sur la culture groenlandaise et inuit. Dans la cour se trouve un **café** (f. fin juin-juil.) où l'on

monter au sommet de sa blanche rampe hélicoïdale (on dit que le tsar Pierre le Grand l'aurait gravie à cheval) pour embrasser du regard les toits du quartier et, en hiver, contempler le ciel au télescope. Au nord, on aperçoit le toit de la **Trinitatis Kirke**. Le parapet de la plate-forme, forgé par Caspar Fincke,

❹ Pour une pause café-librairie : Paludan Bogcafe

Depuis 1895, Paludan incarne l'âme du Quartier latin. Un cadre relaxant, gentiment intello, qui associe livres d'occasion (au sous-sol) et nourritures plus terrestres, à commander au bar : croissant au beurre, salade César, harengs fumés (69 Kr)… Difficile de ne pas succomber à une atmosphère aussi ludique et festive !

Fiolstræde 10-12 • ☎ 33 15 06 75 • www.paludan-cafe.dk • Lun.-ven. 9h-22h, sam.-dim. 10h-22h.

peut déjeuner le mardi en dégustant des spécialités du Groenland (les plats changent chaque semaine). Les cuisiniers sont bénévoles et les prix n'excèdent pas les 75 Kr !
Løvstræde 6 • ☎ 33 91 12 12 • www.sumut.dk • Lun.-ven. 10h-16h ; F. 24 déc.-1er jan.

❻ GRÅBRØDRETORV★★

La surprise du quartier ? La place des Frères-Gris (des franciscains dont le monastère fut démoli en 1530 lorsqu'on jugea leur vie trop dissolue). Elle doit sa belle harmonie aux *ildebrandshuse*. Il s'agit de maisons à pignon toutes bâties sur le même modèle après le grand incendie de 1728. Pour l'anecdote, l'une d'entre elles – le n° 2 de Kejsergade (l'actuel Café G) – abritait dans les années 1960 un centre d'écoutes téléphoniques. Des agents du renseignement y interceptaient en toute illégalité les conversations d'ambassadeurs étrangers... Aujourd'hui, la place est avant tout un lieu convivial et chaleureux, propice à la détente grâce aux nombreuses terrasses de bars et de restaurants qui permettent de profiter des belles façades colorées. La ville paraît soudain bien loin !

Gråbrødretorv

3 Amagertorv
ET NATIONALMUSEET

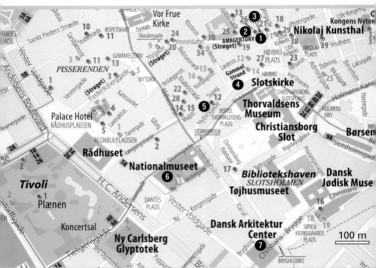

Rendez-vous au sud de Strøget sur Amagertorv, place trian-
gulaire où l'on vendait au Moyen Âge le hareng tout juste
déchargé sur la rive - devenue la très en vue Gammel Strand.
En suivant le Slotsholmen Kanal, on atteint le vénérable
Nationalmuseet, dédié à l'histoire du Danemark. Le retour se
fera par Kompagnistræde et Læderstræde (alias Strædet), deux
rues jalonnées de cafés et de sympathiques échoppes.

❶ AMAGERTORV★★★

C'est une place très animée : autour
de la fontaine des Cigognes, qui
fut dans les sixties un point de

ralliement pour pas mal de hippies,
se croisent aujourd'hui touristes et
fêtards, cracheurs de feu et jeunes
urbains. C'est aussi l'un des points
névralgiques du shopping haut de

Amagertorv

de style Renaissance hollandaise (1622) dont les gouttières ont pour déversoir une tête de dragon.

❷ ILLUMS BOLIGHUS★★

Plaids en alpaga Elvang, chaussons Glerups pure laine, bougeoirs en hêtre, couettes... Pas de doute, c'est la meilleure adresse pour se constituer un petit nid *hyggelig* – « douillet » – et un vrai temple du design contemporain. À voir : la chaise Fourmi d'Arne Jacobsen, l'abat-jour de Louise Campbell ou le module de rangement de Peter J. Lassen (Montana).
Amagertorv 10 • ☎ 33 14 19 41
• www.illumsbolighus.com
• Lun.-sam. 10h-19h (20h jeu.), dim. 11h-18h ; f. 24-26 déc. et 1er janv.

gamme grâce aux magasins Illum (p. 163), Georg Jensen (p. 164) et Royal Copenhagen (p. 165), qui occupe un bel hôtel particulier

❹ GAMMEL STRAND★

À la pointe sud d'Højbro Plads débute cette jolie rue, bordée

❸ Pour une pause *tasty* : Royal Smushi Cafe

Dès l'entrée, on est happé par son univers « funky-baroque ». On déjeune de « smushis », de délicieux *smørrebrød* de la taille d'un sushi, accompagnés d'un thé servi dans de la porcelaine Royal Copenhagen (p. 165).

Amagertorv 6 • 33 12 11 22 • www. royalsmushicafe.dk • Lun.-jeu. 9h-19h, ven.-sam. 9h-20h, dim. 9h-18h • 2 smushis : 98 Kr.

Nationalmuseet

d'élégants immeubles de briques. Elle fait face à Slotsholmen, où trône Christiansborg (attention, jusqu'en 2019, la vue est bouchée par les travaux du métro). Ici sont établis quelques-uns des incontournables de Copenhague. Du showroom **Louis Poulsen** (n° 28, p. 166), référence en matière de luminaire design, à la « Société des artistes » **(Kunstforeningen)** où Gauguin fit la première expo de sa carrière (n° 48, p. 26), en passant par l'excellent Krogs (n° 38, p. 111). Les Copenhaguois aiment raconter que le soleil persiste plus longtemps qu'ailleurs sur Gammel Strand, ne résistez pas à un petit verre en terrasse !

❺ SNAREGADE ET MAGSTRÆDE★

Voici deux courtes rues qui vous donneront une idée de ce à quoi pouvait ressembler Copenhague aux XVIIe-XVIIIe s. Snaregade conserve, au n° 5, une façade à pans de bois de 1732. Magstræde, autrefois réputée pour ses maisons closes, offre avec les n°s 17-19 un rare exemple d'immeuble bourgeois datant du règne de Christian IV (1640). Mais ce n'est pas tout : vous pourrez voir le 1er étage du n° 6 au... 2e étage du Musée national !

❻ NATIONALMUSEET★★★

Le Musée national
Un gros catalogue ne suffirait pas à inventorier ses trésors ! Installé dans le dédale du Palais du prince réalisé par l'architecte Nicolai Eigtved en 1744, le Musée national retrace toute l'histoire du Danemark, de la période glaciaire à nos jours. Du rez-de-chaussée au 2e étage, on découvre la préhistoire (que l'on fait durer ici jusqu'à 1050 apr. J.-C.) ; le Moyen Âge et la Renaissance ; puis l'ère moderne, divisée en 3 sections : la monarchie absolue (1660-1848), Peuple et Nation (1848-1915), l'État providence (1915-2000).

Les runes

Premier arrêt, les runes de la salle 15. Les anciens Scandinaves se servaient, pour écrire, d'un « alphabet » particulier, le *futhark*, qui comportait 24 signes ou « runes » (16 à partir du IXe s.). Les runes se traçaient souvent – de gauche à droite ou de droite à gauche – sur des pierres qui étaient plantées en terre, près d'un lieu de passage ou d'une sépulture, pour rappeler la mémoire d'un chef ou la continuité du clan. Les archéologues ont retrouvé au Danemark 250 pierres de ce type, dites « pierres runiques » *(runestene)*.

L'appartement rococo

Filez ensuite au 2e étage, dans les salles 217-221. Elles sont occupées par une suite de trois pièces que Diderich Schäffer, ébéniste à la Cour, avait décorées dans les années 1740. Elles proviennent d'un appartement situé au n° 6 de Magstræde (ci-contre), l'un des rares du vieux Copenhague qui ait survécu aux incendies à répétition. Le style, typique de la bourgeoisie aisée du XVIIIe s., fleure bon le rococo : lambris gris pâle, moulures dorées, placard déguisé en cheminée d'angle et toiles inspirées des *Métamorphoses* d'Ovide... La salle 224 présente, elle, une reconstitution d'un studio habité par une famille pauvre révélant des conditions de vie très difficiles. Ne ratez pas non plus le couloir consacré aux maisons de poupées (salle 240), dont on peut voir les intérieurs en se faufilant derrière le décor.

La collection groenlandaise

Enfin, direction le Groenland, salles 271-273, où les missionnaires, marchands et explorateurs danois des siècles passés ont réuni une quantité vertigineuse de harpons, kayaks et umiaks (embarcation en os de baleine et peau de phoque, traditionnellement utilisée par les femmes). Des anoraks aussi qui différaient selon les matériaux disponibles : renard et ours dans le Nord, boyaux de phoque sur la côte est...
Ny Vestergade 10 • ☎ 33 13 44 11
• www.natmus.dk • Mar.-dim. 10h-17h ;
f. 24-25 et 31 déc. • Entrée : 75 Kr.

❼ DANSK ARKITEKTUR CENTER★★

Centre danois d'Architecture
En mai 2018, le DAC doit quitter ses anciens locaux de Strandgade pour emménager dans les nouveaux bâtiments du BLOX, construits sur le site de l'ancienne brasserie royale, le long du Frederiksholm Kanal. Le centre se consacre corps et âme à l'architecture contemporaine et pas seulement danoise, au travers d'expositions, de conférences et de tours guidés. Si les sujets abordés s'adressent aux initiés, on vous conseille tout de même sa visite pour découvrir le superbe édifice emblématique du modernisme danois conçu par Rem Koolhaas. Un restaurant avec vue sur le port et une grande librairie spécialisée (www.dacbookshop.dk) complètent le complexe. Au bout de l'esplanade, une nouvelle passerelle piétonne doit relier Christianshavn.
BLOX, Frederiksholm Kanal
• ☎ 32 57 19 30 • www.dac.dk
• T.l.j. 10h-18h (jusqu'à 21h le mer.) ;
F. 1er jan., 24-26 et 31 déc.
• Entrée : 110 Kr (gratuit le mer. 17h-21h)
• Plus d'infos sur le nouveau site :
www.blox.dk.

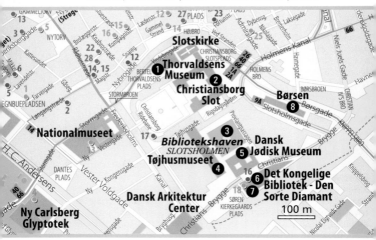

Il n'y a qu'un pont à franchir pour se retrouver sur Slotsholmen, « l'îlot du Château », au pied de Christiansborg, cœur historique de Copenhague et centre politique du Danemark. La Cour suprême y a son siège, le Premier ministre ses bureaux. Si vous aimez les musées, vous serez servi : il y en a sept, sans compter la KB, la plus grande bibliothèque de Scandinavie ! Après quoi, vous pourrez prolonger la balade par un tour dans le port ou gagner à pied Christianshavn.

❶ THORVALDSENS MUSEUM★★

En 1838, le sculpteur Bertel Thorvaldsen (1770-1844), qui fit carrière à Rome, légua à sa ville natale l'essentiel de son œuvre. En 1848, un musée fut spécialement construit pour y abriter statues allégoriques inspirées de la mythologie grecque et bustes de personnages illustres...

C'est aujourd'hui le plus vieux musée du Danemark, et il renferme en son cœur la tombe du sculpteur. De Josef Poniatowski chevauchant vaillamment dans le Grand Hall à Cupidon jouant de la lyre aux pieds des *Trois Grâces* (salle 3), dans chaque salle, on admire les plâtres, souvent noircis par la fumée du poêle qui chauffait l'atelier, ainsi que les marbres, restés sublimes.
Bertel Thorvaldsens Plads 2 • ☎ 33 32 15 32 • www.thorvaldsensmuseum.dk • Mar.-dim. 10h-17h ; F. 1er jan., 24-25 et 31 déc. • Entrée : 60 Kr (gratuit le mer.).

❷ CHRISTIANSBORG SLOT★★

Château de Christiansborg

« Borgen » (c'est son surnom) n'est pas le plus gracieux des palais royaux mais il est largement ouvert au public. Vous pourrez y visiter – à petite dose – les ruines des palais précédents, les salles de réception, le théâtre de la Cour (Hofteatret, p. 139), les écuries et leurs splendides chevaux blancs, la chapelle… et même le Parlement (heures des tours guidés sur www.ft.dk). Récemment, les cuisines royales ont également ouvert leurs portes, à ne pas manquer pour comprendre l'impressionnante organisation que nécessite un banquet royal !

Les ruines d'une ancienne enceinte

Les sous-sols du palais abritent les vestiges des châteaux

Thorvaldsens Museum

précédents (*Ruinerne*). Notamment un pan du mur d'enceinte qu'Absalon, évêque de Roskilde et fondateur de Copenhague, avait fait ériger en 1167 pour protéger la ville des incursions des pirates. On ne compte plus les châteaux qui se sont succédé à cet emplacement. Tour à tour agrandis, incendiés, reconstruits, ils ont longtemps servi de résidence principale aux rois de Danemark. L'actuel palais, bâti par Thorvald Jørgensen, ne date que de 1903.

Les salles d'apparat

Les Kongelige Repræsentationslokaler, toutes en lustres et stucs dorés, sont utilisées pour les dîners de gala et

Christiansborg Slot

autres réceptions d'ambassadeurs. La plus imposante est la salle des Chevaliers *(Riddersalen)* qui ne

De Slotsholmen au petit écran

Borgen ne vous est pas inconnu ? C'est probablement grâce à la série danoise éponyme diffusée entre 2010 et 2013, qui raconte les coulisses du pouvoir avec une saisissante réalité. Sous les traits de Sidse Babett Knudsen, la Première ministre Birgitte Nyborg évolue dans un monde d'intrigues et de stratégie fascinant.

manque pas d'élégance avec ses 17 tapisseries aux couleurs vives, dessinées par Bjørn Nørgaard et tissées à Paris par la Manufacture des Gobelins (2000). Elles évoquent l'histoire du Danemark, des Vikings à nos jours. Un véritable chef-d'œuvre ! On peut lui préférer la bibliothèque de la Reine, avec son joli vol de cigognes au plafond, ou la salle d'Alexandre avec sa longue frise en marbre sculptée par Thorvaldsen (voir p. 36). Dévastée par un pétard durant le Carnaval de 1992, la sobre **Slotskirke** (1826), la chapelle, a été restaurée. Elle est normalement réservée aux baptêmes, mariages et funérailles de la famille royale (la dépouille du souverain est

exposée là avant d'être inhumée à la cathédrale de Roskilde) mais chaque année, le premier mardi d'octobre, le Parlement y donne une messe (le luthéranisme est la religion adoptée par l'État danois) pour célébrer l'ouverture des sessions.
Christiansborg Slotsplads • ☎ 33 92 64 92 • www.kongeligeslotte.dk • Salles d'apparat : t.l.j. 9h-17h (f. lun. oct.-avr.) ; à 15h, tour guidé en anglais ; cuisines royales et ruines : t.l.j. 10h-17h (f. lun. oct.-avr.) ; écuries royales : t.l.j. 13h30-16h (f. lun. oct.-avr.) ; Noël et jour de l'An : vérifier les j. d'ouverture en ligne • Billet combiné : 150 Kr, entrée pour un site : 50 à 90 Kr • Chapelle : tous les dim. 10h-17h ; durant les vacances de Pâques, en juil. et durant les vacances d'automne : t.l.j. 10h-17h ; F. 24 et 31 déc. ; accès libre.

❸ BIBLIOTEKSHAVEN★★

En sortant de Christiansborg, profitez de l'adorable jardin qui se cache entre le Parlement et la Bibliothèque royale. Cette oasis de verdure et de paix a été aménagée en 1920 à l'emplacement de l'ancien arsenal de Christian IV (d'où les vieux anneaux d'amarrage, encore visibles dans les murs). On peut même y pique-niquer sous le regard mélancolique du philosophe Søren Kierkegaard !
www.slke.dk • T.l.j. 6h-22h • Accès libre.

❹ TØJHUSMUSEET★★

Musée royal de l'Arsenal
L'ancien arsenal de Christian IV abrite aujourd'hui un musée qui expose, au rez-de-chaussée, les canons, épées et uniformes de l'armée royale au XVIIe s. À l'étage, c'est l'histoire de la Marine danoise qui est racontée, par le biais de maquettes de vieux gréements et des anciens chantiers navals de Holmen. Une grande exposition présente également les 21 guerres dans lesquelles le Danemark a été impliqué durant les cinq derniers siècles.
Tøjhusgade 3 • ☎ 33 11 60 37 • www. natmus.dk • Mar.-dim. 10h-17h ; F. 24-25 et 31 déc. • Entrée : 65 Kr.

❺ DANSK JØDISK MUSEUM★★

Musée juif danois
Ce musée évoque l'histoire du judaïsme au Danemark, et tout particulièrement la réaction exceptionnelle des Danois face au nazisme. En octobre 1943, 7 000 juifs menacés d'être raflés par les nazis furent secrètement évacués par bateau vers les côtes suédoises. Le bâtiment a été conçu par Daniel Libeskind (l'architecte chargé de la reconstruction du World Trade Center) selon un plan très particulier qui combine les lettres hébraïques du mot *« mitzvah »* – la bonne action – pour rendre hommage à la compassion et au courage des Danois. Une histoire passionnante, mentionnée un peu trop brièvement.
Proviantpassagen 6 • ☎ 33 11 22 18 • www.jewmus.dk • Juin-août : mar.-dim. 10h-17h ; sept.-mai : mar.-ven. 13h-16h, sam.-dim. 12h-17h ; F. pour

❼ Pour un expresso à fleur d'eau : Øieblikket

Øieblikket signifie « l'instant ». C'est le nom de la revue que publiait Kierkegaard en 1855. C'est aussi celui du bar du Diamant noir, où l'instant se savoure... face au canal (dans un transat dès qu'il fait beau) en sirotant un café mi-Rio Verde du Brésil mi-Platanello du Guatemala (25 Kr), accompagné d'une pâtisserie maison. Relaxant !

Søren Kierkegaards Plads 1 • ☎ 33 47 49 49 • www.oieblikket.dk • Lun.-ven. 8h-19h, sam. 9h-18h.

Kippour, 1er jan., 24-25 et 31 déc.
• Entrée : 60 Kr.

❻ DET KONGELIGE BIBLIOTEK – DEN SORTE DIAMANT★★★

La vénérable Bibliothèque royale (également appelée KB) renferme quelque 220 000 ouvrages de référence, les autres livres de la collection – 5 millions – étant stockés au sein d'autres sites. Elle possède depuis 1999 une extension, « le Diamant noir » (Den Sorte Diamant), qui abrite, derrière son étonnante façade en granit noir du Zimbabwe, une

Den Sorte Diamant

salle de concerts (Dronningesalen, p. 138), un restaurant et des expositions de photographie.
Søren Kierkegaards Plads 1 • ☎ 33 47 47 47 • www.kb.dk • Lun.-ven. 8h-21h, sam. 9h-19h ; F. 1er jan., Jeudi et Vendredi Saint, sam., dim. et lun. de Pâques, 12 mai, Ascension, dim. et lun. de Pentecôte, 5 juin, 24-26 et 31 déc. • Expos temporaires : 50 Kr.

❽ BØRSEN★★★

Vous ne pouvez pas la rater : la Bourse *(Børsen)* a de jolis pignons, typiques de la Renaissance hollandaise, et une flèche formée de quatre queues de dragons enlacées ! Bâtie en 1625 par Hans van Steenwinckel à la demande du roi Christian IV qui rêvait de faire de Copenhague une place financière, elle a servi de Bourse jusqu'en 1974.
Entre Slotsholmsgade et Børsgade • Ne se visite pas.

Børsen

Lumières sur le royaume

Si vous êtes à Copenhague le 31 décembre à 18h, ne ratez pas l'allocution de la reine à la télévision. Elle se termine invariablement par les mots *Gud bevare Danmark* (« Que Dieu protège le Danemark ! »). Ce petit royaume, qui s'étendait autrefois de la Norvège au sud de la Suède (Scanie) et comprenait les Féroé, l'Islande, le Groenland, le duché de Schleswig et même quelques colonies dans les Caraïbes, est la plus vieille monarchie d'Europe !

UN ROI BÂTISSEUR

Aux yeux des Copenhaguois, le plus célèbre de leurs rois (même s'il a échoué dans la plupart de ses entreprises extérieures !) est **Christian IV**, couronné en 1596 à l'âge de 19 ans. Jovial, proche de ses sujets (on le voyait se promener dans les rues, « bavardant avec un marchand, taquinant une servante, surveillant un maçon »), il s'est surtout distingué par ses talents de bâtisseur : c'est lui qui a doté la capitale de la **Rundetårn** (p. 29), de la **Bourse** (Børsen, p. 41), du **château de Rosenborg** (p. 60), créé le **quartier de Nyboder** (p. 57) et imposé un style Renaissance inspiré de l'architecture hollandaise. Sa devise ? *Regna firmat pietas* (RFP), « la piété fortifie le règne » ! Il était prodigue en amour – on lui prête 23 enfants – mais nettement moins inspiré en matière de politique étrangère : battu sur mer, vaincu sur terre, il a entraîné son peuple dans une guerre contre la Suède qui a affaibli le pays et l'a privé de la Scanie.

Un château sur trois îlots

À 35 km au nord-ouest de Copenhague se trouve un autre château construit (1620) par Christian IV : **Frederiksborg**. Ce beau « Lego » de briques rouges, que l'on dirait surgi des eaux, fut la proie des flammes en 1859 mais a été habilement restauré grâce au mécénat de Carlsberg. Vous y verrez une salle de la Rose toute tapissée de stucs et de cuir repoussé, ainsi qu'une longue suite de galeries où tous les souverains du Danemark ont leur portrait !

Frederiksborg Slot. S-tog A jusqu'à Hillerød puis bus 301, 302, 303 ou 324 (voir plan des environs) • ☎ 48 26 04 39 • www.dnm.dk • Avr.-oct. : t.l.j. 10h-17h ; nov.-mars : t.l.j. 11h-15h • Entrée : 75 Kr.

LA MONARCHIE ABSOLUE

À la mort de Christian IV (1648), son successeur, **Frederik III**, promulgue une loi qui déclare la monarchie héréditaire (avant lui, les rois étaient élus par un Conseil) et accorde au souverain des droits illimités. Ses seuls devoirs : vénérer

Dieu selon la religion luthérienne et garantir l'intégrité du royaume. En théorie, tous ses sujets sont égaux (sauf les pauvres, qui n'ont aucun statut) mais en pratique, la loi vient renforcer le caractère féodal de la société de l'époque. Avec son instauration, la vieille noblesse et la bourgeoisie aisée reçoivent de grands domaines (et les paysans qui leur sont attachés), tant et si bien qu'à la fin du XVIIIe s., 80 % des terres du pays appartiennent à une centaine de familles, propriétaires de 770 châteaux et manoirs, souvent charmants au demeurant, comme celui que possédait près d'Odense la comtesse Birgitte de Rantzau (en partie reconstitué au **Nationalmuseet**, salle 212 – voir p. 34).

Rosenborg

LA MONARCHIE CONSTITUTIONNELLE

En 1849, l'absolutisme est enfin aboli par **Frederik VII**, dernier roi issu de la lignée des Oldenbourg. S'impose alors (sous son successeur **Christian IX**, issu de la lignée royale des Glücksbourg) un autre type de monarchie fondée sur le principe de la séparation des pouvoirs. Le souverain ne peut ni nommer ni limoger le gouvernement : il n'est que le représentant neutre du peuple. Le Danemark devient alors l'une des démocraties parlementaires les plus modernes d'Europe : les femmes y ont le droit de vote dès 1915.

LE « RAYON DE SOLEIL »

L'actuelle reine, **Margrethe II**, née en 1940, jouit d'une grande popularité : beaucoup la surnomment Daisy et voient en elle un « rayon de soleil ». Fille de **Frederik IX** (1899-1972) et d'Ingrid (1910-2000), elle a épousé en 1967 un comte français, **Henri de Montpezat**. Le couple royal, qui a deux fils – **le prince héritier** (kronprins) **Frederik**, né en 1968, et **Joachim**, né en 1969 – vit à **Amalienborg** (p. 55) et passe une partie de l'été dans le Lot, au château de Caïx. La reine est la seule personne au Danemark qu'il faut vouvoyer. Une vidéo, projetée à Amalienborg, vous apprendra at neje og bukke – à vous incliner ou faire la révérence, si d'aventure vous la croisiez. On l'acclame le jour de son anniversaire (voir p. 16). On se lève pour lui souhaiter la bienvenue lorsqu'elle entre au Théâtre ou à l'Opéra. Mais en dehors de ces règles, le protocole est léger : Frederik a mis son fils Christian à l'école publique et sa femme Mary fait ses courses en ville.

Lettres danoises

Les Danois lisent beaucoup : selon les statistiques, ils emprunteraient, chaque année, près de 120 millions de livres à la bibliothèque. Si les auteurs contemporains ont la cote, les écrivains les plus connus, à l'étranger, restent Andersen (son œuvre est autant traduite que la Bible !) et Blixen, qui a frôlé le prix Nobel. Zoom sur une littérature foisonnante qui réserve de belles surprises.

ANDERSEN, LE CONTEUR

Pour accéder au devant de la scène littéraire, il fallait, autrefois, être pasteur, fonctionnaire ou aristocrate. **Hans Christian Andersen** (1805-1875), né dans le faubourg le plus pauvre d'Odense, fils d'un cordonnier et d'une lavandière quasi analphabète, est le premier prolétaire dans l'histoire des lettres danoises. Ses débuts sont difficiles : ses poèmes n'ont aucun écho, la critique éreinte ses romans, le théâtre refuse ses drames. Finalement, c'est son talent de conteur qui lui apporte la gloire : *La Princesse au petit pois* (1835), *La Petite Sirène* (1839) et *Le Vilain Petit Canard* (1843) rencontrent un succès fou, qui ne manque pas de l'agacer, lui qui rêve de triompher dans des genres moins mineurs. Trente-sept ans durant, il composera donc plus de 150 *eventyr* (« contes »), réalistes ou féeriques mais toujours très humains. Paradoxalement, le public, aujourd'hui, associe son nom à l'idylle familiale, la joie de vivre, le petit cottage à la campagne, alors qu'il a toujours vécu seul et mélancolique dans des meublés de Nyhavn (voir p. 53) !

KIERKEGAARD, LE PENSEUR

De mi-mai à mi-sept., des tours guidés sont organisés en anglais, au départ de l'office de tourisme (www.copenhagenwalks.com ; résa par mail ; de mi-mai à mi-sept. lun.-sam. 9h30 ; 130 Kr) sur les pas de Hans Christian Andersen mais aussi d'un autre mélancolique, le philosophe **Søren Kierkegaard** (1813-1855), génie lucide et torturé, dont on a fêté en 2013 le 200e anniversaire. L'auteur du *Journal du séducteur* et du *Concept de l'angoisse*, que l'on salue comme le père de l'existentialisme, est né à l'angle de Strøget et de Nytorv – l'actuelle Danske Bank – et mort au 70 de Bredgade (l'actuel Design Museum, p. 57). Ses manuscrits sont exposés à la KB (p. 40) mais comme il affinait ses théories en marchant, son fantôme est partout. Surtout dans le « Quartier latin » (p. 28).

BLIXEN, L'AFRICAINE

Le fantôme de **Karen Blixen** (1885-1962) ne hante pas les rues de la capitale mais le manoir de Rungsted (voir Karen Blixen Museet p. 96). Issue d'une famille d'aristocrates, Karen y a connu, jeune, tout le poids des traditions ancestrales ; et comme elle rêvait d'aventure, elle est partie très vite et très loin de l'*hygge-lig* cocon danois pour rejoindre son fiancé – le baron Blixen – au Kenya et s'établir dans une plantation de café. Après son divorce (1921),

Karen Blixen Museet

elle a continué seule à assurer, entre sécheresses et pluies torrentielles, la marche de l'entreprise qui périclitait. Lorsqu'elle rentre à Rungsted en 1931, elle a tout perdu : mari, amant, santé, fortune et l'Afrique qu'elle aimait tant. Elle écrit alors des contes (*Sept Contes gothiques*) qui reçoivent un accueil enthousiaste. Mais c'est l'émouvant témoignage sur ses années passées au Kenya qui va assurer son renom : *Den afrikanske farm* (« La Ferme africaine »), paru aux États-Unis sous le titre *Out of Africa* et porté à l'écran par Sydney Pollack en 1985, avec le succès que l'on sait. Sa santé décline de plus en plus et lorsque *Le Festin de Babette* – l'une de ses plus admirables nouvelles (voir aussi p. 96) – paraît à Paris, Karen n'est plus que l'ombre d'elle-même.

DU CÔTÉ DES MODERNES

Deux écrivains de qualité ont émergé, ces vingt dernières années, des brumes du Nord : Jørn Riel et Peter Høeg. Riel, qui a longtemps vécu parmi les Inuits, fait un tabac – en français aussi – avec ses « racontars arctiques », inspirés des récits des chasseurs groenlandais. Høeg, lui, est l'auteur de *Smilla et l'amour de la neige* : élu « roman de l'année » en 1993 et adapté au cinéma par Bille August, ce polar philosophique a pour toile de fond un Copenhague aux décors fascinants où gravitent des personnages hauts en couleur.

5 autres livres à (re)lire

Cochon d'Allemand, de Knud Romer ; *L'Art de pleurer en chœur*, d'Erling Jepsen ; *La Chute du roi*, de Johannes V. Jensen ; *Pelle le conquérant*, de Martin Andersen Nexø ; *Minuit à Copenhague*, de Dan Turèll.

Voir notre adresse p. 163 pour vous procurer des livres danois en français pendant votre séjour.

5 Les canaux de CHRISTIANSHAVN ET CHRISTIANIA

Restos, bistrots p. 112 | Bars, clubs p. 139

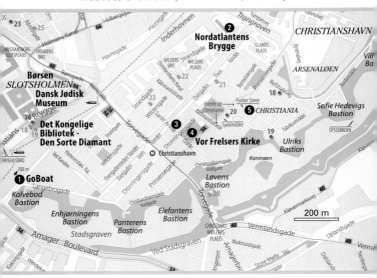

Même si l'on n'y voit plus de pêcheurs ravauder leurs filets, ce quartier fondé en 1618 par Christian IV a toujours le goût de la mer et des bateaux. Sillonner ces charmants canaux en GoBoat (ci-contre) ou en bateau-mouche (p. 195) est une aventure à ne pas manquer. Autrefois pauvre, insalubre et rongé par le sel, Christianshavn cultive aujourd'hui un style bohème et branché. La visite s'achève dans la très alternative « ville libre » de Christiania, quartier autogéré, qui fascine et étonne depuis les années 1970.

❸ Pour une bière sur les quais : Café Oven Vande

À l'heure de l'apéro, ceux qui ont la chance d'avoir un voilier amarré sur Christianshavn Kanal sirotent leur bière à bord. Les autres restent sur le quai. Ou à la terrasse de cet agréable café qui sert des *smørrebrød* (jusqu'à 17h), des salades au saumon fumé (125 Kr) et des *pasta marinara* (pâtes aux gambas, saumon, moules et vin blanc). Bière pression *(fadøl)* : 49 Kr les 50 cl.

Overgaden oven Vandet 44 • ☎ 32 95 96 02 • www.cafeovenvande.dk • T.l.j. 10h-minuit.

❶ GOBOAT★★

Voilà une activité typiquement copenhaguoise, aussi écolo que ludique ! Louez un petit bateau à moteur solaire, silencieux et sans permis, et promenez-vous au gré de vos envies sur les canaux de Copenhague. Idéales à l'heure de l'apéro - une petite table permet d'installer son pique-nique -, ces embarcations vous assurent une balade inoubliable, autour de l'îlot du Château (Slotsholmen), ou bien dans les îlots de Christianshavn, entre les petites maisons et les entrepôts.
Islands Brygge 10 • ☎ 40 26 10 25 • goboat.dk • 1 h : 399 Kr, 2 h : 749 Kr, 3 h : 999 Kr ; jusqu'à 8 pers. par bateau • Voir aussi p. 10.

❷ NORDATLANTENS BRYGGE★

C'est de ce rustique entrepôt (1767) que partaient autrefois les navires chargés d'acheminer

GoBoat

marchandises et passagers à destination des colonies danoises de l'Atlantique nord. En 2003, il a été reconverti en centre culturel mais il a gardé le même cap. Au programme : des expos d'artistes féroïens, du rock groenlandais, des auteurs de polars islandais... De quoi élargir son horizon ! **Strandgade 91 • ☎ 32 83 37 00 • www. nordatlantens.dk • Lun.-ven. 10h-17h, sam.-dim. 12h-17h • Entrée : 40 Kr.**

❹ VOR FRELSERS KIRKE★★

Si vous n'êtes pas sujet au vertige, montez à l'assaut de la flèche de l'église Notre Sauveur, que Laurids de Thurah a érigée en 1752, sur le modèle de Sant'Ivo de Rome. À votre retour, vous pourrez relire *Voyage au centre de la Terre* : les 150 dernières marches qui ménagent une vue à 360° sur Copenhague ont inspiré quelques bonnes pages – et une « leçon d'abîme » – à Jules Verne ! **Sankt Annæ Gade 29 • ☎ 40 14 63 89 • www.vorfrelserskirke.dk • Église : t.l.j. 11h-15h30 • Tour : mars-avr. et d'oct. à mi-déc. : lun.-sam. 10h-16h, dim. 10h30-16h ; mai-sept. : lun.-sam. 9h30-19h, dim. 10h30-19h • F. de mi-déc. à fin fév. • Entrée : 40-45 Kr selon la saison.**

❺ CHRISTIANIA★★★

On vous suggère d'aborder la « ville libre » par le sentier qui serpente en contrebas de Christianshavns Voldgade (de là, le regard embrasse, entre saules et roseaux, des cabanes rafistolées, des maisonnettes expérimentales...). Vous pouvez ensuite vous reposer les mollets sur le pont (Dyssebroen), puis continuer jusqu'au Vilhelms Bastion ! Il vous suffira de le contourner pour vous retrouver au beau milieu de Christiania. Traversez le Green Light District par Pusher Street, la rue où opèrent les dealers de cannabis (tolérés à Christiania, interdits dans le reste du Danemark) et sortez par Prinsessegade.

L'expérimentation sociale

L'histoire de la ville libre de Christiania débute en 1969,

Christiania

lorsque l'armée abandonne le terrain qu'elle occupait sur les bastions de Christianshavn : le gouvernement n'ayant prévu aucun plan de reconversion, une poignée de hippies ouvre une brèche dans la clôture et s'installe entre les anciennes douves et les casernes désaffectées. Peu à peu, elle y forme une communauté indépendante où trouvent refuge Inuits, junkies et autres exclus. L'État danois qualifie alors cette enclave d'« expérimentation sociale ». Les adeptes du *peace and love* bricolent des maisons très originales qu'ils emplissent de couleurs et de rythmes reggae. Ils dépendent de l'État pour l'eau et l'électricité, paient une taxe d'habitation, mais disposent de leur propre monnaie, ne sont pas dans l'Union européenne et s'occupent eux-mêmes de l'entretien des berges et de la gestion des déchets. Au fil des ans, leur enclave s'organise en quartiers (Voie lactée, Caramel bleu…) et se dote d'un jardin d'enfants, d'un cinéma, d'une radio libre… et d'un drapeau : trois points jaunes sur fond orange, représentant les points des trois « i » de Christiania.

La régularisation

Hélas, son statut de « ville libre », garanti par l'État en 1989, lui attire bien des ennuis : deux gangs adverses – les Bullshit et les Hells Angels – en font leur terrain de jeu et les dealers y trouvent une source non négligeable de profit. Les partis de droite ne voient dans ce squat qu'une atteinte à la souveraineté de l'État et un repaire de délinquants. Les promoteurs, eux, rêvent de le raser pour y bâtir un complexe résidentiel avec vue imprenable sur le Stadsgraven. En 2011, un accord est enfin conclu entre le gouvernement et les 1 000 habitants qui réussissent à réunir 76 millions de couronnes : les Christianites sont désormais propriétaires de l'enclave.

La ville est ouverte à tous – de nombreux concerts et festivals y sont organisés – sous réserve de respecter les trois grandes règles de Christiania : pas d'arme, pas de violence et pas de drogue dure. Le règlement intérieur édicté par l'assemblée générale de Christiania interdit également à tout visiteur de courir, de camper, de photographier la zone où opèrent les dealers et de porter l'insigne d'un gang. Les seuls modes de déplacement autorisés sont le vélo et la marche.

Accès libre • Visites guidées menées par un Christianite en danois et en anglais sam.-dim. à 15h, durée 1 h-1 h 30 (t.l.j. en été) : 40 Kr ; sans réservation, rdv à l'entrée de Prinsessegade ; plus d'infos sur www.rundvisergruppen.dk • Photographie rigoureusement interdite dans la zone du « Green Light District » et, d'une manière générale, déconseillée.

Restos, bistrots p. 114 ι Bars, clubs p. 140 ι Boutiques p. 168

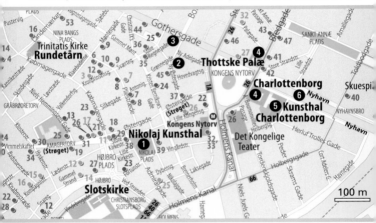

Construction du métro oblige, Kongens Nytorv - la « nouvelle place royale » - est en travaux jusqu'en 2019 ! Vous ne verrez donc ni la statue équestre de Christian V, ni la patinoire sur laquelle les Copenhaguois évoluent en hiver. En revanche, les quais colorés de Nyhavn, le « nouveau port », vous attendent de pied ferme.

❶ NIKOLAJ KUNSTHAL★ ET NIKOLAJ PLADS★★

Jusqu'en 1917, on se plaignait beaucoup des bouchers et de leurs étals malodorants qui squattaient le parvis de la vieille église Saint-Nicolas, qui fut longtemps l'une des plus anciennes églises de la ville

(XIIIe s.). Après le Grand incendie de Copenhague en 1795, l'édifice est déconsacré et transformé en bibliothèque, caserne de pompiers (!), ou encore musée maritime. Désormais, les blanches voûtes gothiques de **Nikolaj Kunsthal** abritent les œuvres d'artistes internationaux, tout en réservant

Nikolaj Kunsthal

une belle place aux artistes danois. Et aujourd'hui, **Nikolaj Plads** vaut le détour, pour ses jolis immeubles de briques, alignés bien sagement à l'abri du tumulte de Strøget.

Nikolaj Kunsthal : Nikolaj Plads 10
• ☎ 33 18 17 80 • www.nikolajkunsthal.dk
• Mar.-ven. 12h-18h, sam.-dim. 11h-17h ;
F. 1er jan., 24-26 et 31 déc. • Entrée : 60 Kr.

❷ NY ADELGADE ET GRØNNEGADE★★

Si vous faites un petit crochet par Ny Adelgade, vous découvrirez – juste à côté de C. L. Seifert (nᵒˢ 8-10), qui fournit la Cour en casquettes de chauffeur et livrées de chambellan – une vitrine qui vaut le coup d'œil : celle du

❸ Pour une pause pizza : Pizza Huset

Vous avez un petit creux ? Essayez cette sympathique cahute qui, en plus de ses horaires extensibles, prépare les meilleures pizzas du quartier ! De quoi se sustenter à bon prix, dans un quartier très touristique. Jusqu'au bout de la nuit, on s'y délecte d'une Margherita sans égale.

Gothersgade 21 • ☎ 33 15 35 10 • www.pizzahuset.dk • **Dim.-mer. 10h-4h, jeu.-sam. 10h-7h** • Pizza à partir de 58 Kr.

fleuriste Tage Andersen (n° 12).
Au bout de la rue, Grønnegade
égrène de fort jolies façades : le
n° 33 était, en 1843, l'échoppe d'un
fabricant de couleurs et vernis.

④ LES PALAIS DE KONGENS NYTORV★

La façade rose de style baroque
hollandais, au n° 4, est celle
du **palais Thott** (Thottske Palæ,
1683), qui abrite l'ambassade
de France. La façade en brique
de style baroque danois, au n° 1,
est celle du **palais de
Charlottenborg** (1683), dévolu
depuis 1754 à l'Académie
royale des beaux-arts. Une
suggestion : empruntez le
passage Bournonvilles qui se
faufile entre le palais Harsdorff
(n°s 3-5) et le Théâtre royal
(Det Kongelige Teater, p. 141).
Il vous conduira tout droit vers
Havnegade et le bon air de la mer.

⑤ KUNSTHAL CHARLOTTENBORG★

Le palais de Charlottenborg a
été doublé, à l'arrière, d'une
halle d'exposition où le peintre
Hammershøi (p. 63), par exemple,
a fait ses débuts en 1885. C'est
donc un lieu qui compte dans
le paysage culturel ! Bien sûr,
l'intérêt varie selon l'artiste
invité mais jetez un œil sur le
programme : il y a des concerts
de jazz, des projections de film.
Bon à savoir : le restaurant du
centre, Apollo Bar & Kantine,
permet une halte agréable.
**Kongens Nytorv 1 • ☎ 33 74 46 39
• www.kunsthalcharlottenborg.dk**

Kongens Nytorv

Nyhavn

• Mar.-dim. 11h-17h (jusqu'à 20h le mer.) ;
F. 1er jan., 24-25 et 31 déc. • Entrée :
75 Kr (gratuit le mer. apr. 17h).

❻ NYHAVN★★★

Pour permettre aux navires
d'accoster au plus près de la place
royale, un canal fut creusé par des
prisonniers suédois de 1671 à 1673 :
le « nouveau port » (Nyhavn,
prononcez « nu-haon »). Sur ses
quais, les marchands firent bâtir
des maisons et des auberges qui
attirèrent au fil du temps marins,
tatoueurs et dames de petite vertu.
Andersen aussi y vécut (aux n°s 18,
20 et 67) ! Aujourd'hui restauré,
Nyhavn s'est radicalement policé

pour se faire hyper-touristique
mais n'en reste pas moins un
port : en saison, il y a toujours un
bateau-mouche ou un *havnebus*
(p. 193) sur le départ ! D'ici, on
peut même cingler vers Flakfortet
ou l'île suédoise de Hven.
En longeant le port sur la rive
nord, en direction d'Amalienborg,
vous apercevrez les superbes
bâtiments du Théâtre royal
(Skuespilhuset, p. 141).

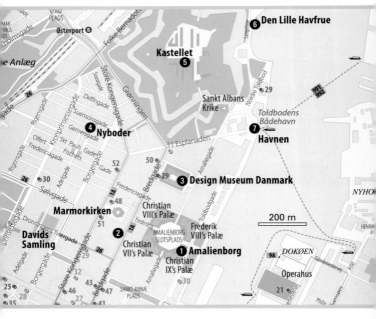

Alternant symboles royaux et maritimes, ce quartier se situe entre Nyhavn (p. 53) et Kastellet (p. 57). Aristocratique aux abords d'Amalienborg, militaire du côté des Nyboder, il mérite une balade et – au moins – deux séances photo : à midi pour le rituel immuable de la relève de la garde ; à toute heure pour un portrait de la plus célèbre des Danoises : la Petite Sirène !

❶ AMALIENBORG★★★

Durant l'hiver, c'est dans cet élégant ensemble architectural que réside la famille royale. Il se compose de quatre palais aux façades néoclassiques et à l'intérieur rococo, bâtis par l'architecte Nicolai Eigtved en 1751, d'une place octogonale où trône la statue équestre de Frederik V et d'une belle perspective : l'axe d'Or reliant l'église de Marbre (Marmorkirken) à l'Opéra.
Les quatre palais, édifiés à l'origine pour quatre conseillers de Frederik V, appartiennent à la famille royale depuis 1794. Aujourd'hui, Margrethe II réside dans le palais Schack (dit « Christian IX ») et loge ses hôtes de marque au palais Moltke (« Christian VII ») (des visites guidées en anglais y sont organisées du jeu. au dim. à 13h ou 13h30 ; 95 Kr). Son fils Frederik habite le palais Brockdorff (« Frederik VIII »).

Le musée des Glücksbourg

Le quatrième palais, dit Levetzau ou Christian VIII, est en partie occupé par un musée dédié à la dynastie des Glücksbourg. Entre ses murs, on découvre les cabinets de travail de quatre rois et le salon privé de la reine Louise reconstitués à l'identique. La déco est terriblement surchargée mais vaut le coup d'œil : tapisseries imitant le cuir doré, meubles néo-Renaissance, peau d'ours blanc, kayak groenlandais. Au fil des

Amalienborg

Amalienborg

qu'il fit venir de France en 1753 – Jacques-François Saly – mit dix-huit mois à étudier divers chevaux, douze ans à parfaire les ébauches, exécuter la copie en plâtre, préparer les moules et trois ans à ciseler les détails de la statue de 22 tonnes. Le tout coûta une fortune (supérieure, dit-on, à la construction des quatre palais !), d'autant que Saly, en plus de ses 150 000 livres de gages, fut nourri-logé-blanchi pendant tout son séjour (vingt et un ans) !

Marmorkirken

L'église de Marbre
En 1740, le chantier de l'église de Marbre est entrepris, pour fêter les trois cents ans de règne de la dynastie des Oldenbourg. Trente ans plus tard, il est interrompu tant le matériau utilisé – du marbre de Norvège – est onéreux. Il faut attendre 1894 pour la voir enfin achevée… en marbre danois (moins cher !). La coupole, inspirée de Saint-Pierre de Rome, a été décorée de fresques par

objets, on en apprend un peu plus sur la famille royale et les centres d'intérêt de chaque membre. La statue équestre qui siège au cœur de la place d'Amalienborg fait partie de la mise en scène voulue par Frederik V. Toutefois, le roi, mort en 1766, n'eut jamais le loisir de l'admirer : le sculpteur

❷ Pour une pause muffins & smoothies : Mormors

« Chez Grand-mère » (*mormor* en danois), le décor est cosy à souhait et le gâteau chocolat-noix *som i de gode gamle dage* (« comme au bon vieux temps »). On peut aussi y grignoter, en terrasse ou à l'une des grandes tables à l'intérieur, un cookie noisette et chocolat ou un muffin aux myrtilles (les prix ne sont pas affichés mais comptez entre 35 et 45 Kr).

Bredgade 45 • ☎ 33 16 07 00 • www.mormors.dk • Lun.-ven. 8h30-17h, sam.-dim. 10h-17h.

Chresten Overgård (Les Apôtres).
Les statues à l'extérieur
représentent des dignitaires et
des hommes illustres, notamment
Kierkegaard (voir p. 44).
Dernier point à aviser, la Garde
Royale qui, chaque midi, défile
dans les rues en musique,
entre le château de Rosenborg
(voir p. 60) et Amalienborg.
• **Musée du palais Christian VIII :**
Entrée sur Frederiksgade • ☎ 33 12
08 08 • www.kongernessamling.dk
• Mai-oct. : t.l.j. 10h-16h ; nov.-avr. :
mar.-dim. 11h-16h • F. 23-26 et 31 déc.
• Entrée : 90 Kr ; 145 Kr avec la visite de
Rosenborg Slot (p. 60)
• **Église de Marbre (Marmorkirken) :**
www.marmorkirken.dk • Lun.-jeu. et
sam. 10h-17h, ven. et dim. 12h-17h
• Accès libre • Dôme : été t.l.j. à 13h,
reste de l'année : sam.-dim. 13h ; 35 Kr.

❸ DESIGN MUSEUM DANMARK★★★

L'adresse idéale pour (re)voir tous
les classiques du design danois qui
s'est imposé après guerre comme
LA référence esthétique aux yeux
d'un large public européen : la
chaise PKO en contreplaqué moulé
de Poul Kjærholm, les couverts en
acier inoxydable d'Arne Jacobsen
et sa fameuse chaise empilable
Myren (voir p. 186)... En prime,
une superbe collection de 3 000
faïences et porcelaines européennes
des XVIIIe-XIXe s. (1er étage).
Bredgade 68 • ☎ 33 18 56 56 • www.
designmuseum.dk • Mar.-dim. 10h-18h
(jusqu'à 21h le mer.) ; F. 1er jan., 24-25 et
31 déc. • Entrée : 100 Kr.

❹ NYBODER★★

À la mort de Christian IV (1648),
ce microquartier destiné à loger
le personnel de la Marine royale
comptait déjà 615 modestes
appartements de plain-pied,
alignés en barre le long de rues
tracées au cordeau. Au XVIIIe s., les
effectifs de la flotte ayant grossi,
on les rehaussa d'un étage. La plus
authentique des barres ? Sankt Pauls
Gade 20-40 (le no 24 peut se visiter
le dim. 11h-14h ; entrée : 20 Kr).

❺ KASTELLET★★

L'ancienne citadelle de Copenhague
– dessinée par l'ingénieur
hollandais Henrik Rüse (1663) à
la demande de Frederik III – est
l'une des mieux conservées et
des plus photogéniques d'Europe
du Nord, avec ses douves et ses
casernes sang-de-bœuf ! Elle est
toujours « zone militaire » mais
l'axe nord-sud est libre d'accès
(t.l.j. 6h-22h), de même que les rues
qui bordent la place de l'église.

❻ DEN LILLE HAVFRUE★★

La Petite Sirène
« Lorsque vous aurez quinze ans,
dit la grand-mère, je vous donnerai
la permission de monter à la
surface de la mer et de vous
asseoir au clair de la lune sur un
rocher pour voir passer les grands
vaisseaux et faire connaissance
avec les villes. » Hélas, une fois
sur son rocher, la touchante Petite
Sirène du conte d'Andersen ne

connaîtra que des déboires ! Et cela continue : immortalisée en 1913 par le sculpteur Edvard Eriksen, elle a été aspergée de peinture, sciée, dynamitée par divers activistes politiques. Mais pourquoi tant de haine ? Beaucoup de Copenhaguois rêveraient, pour leur ville, d'un symbole plus imposant que cette statue de 1,25 m... **Langelinie.**

Den Lille Havfrue

❼ HAVNEN★★★

Le port

Voici le véritable berceau de Copenhague. Le port a abrité ses premiers habitants : des pêcheurs de hareng, qui en faisaient commerce. Il a façonné la ville et lui a même donné son tout premier nom : Hafn, selon les archives de 1043. Depuis, le *hafn* s'est considérablement agrandi pour devenir København, le « port des marchands », avec des zones industrielles, résidentielles et militaires, à découvrir au ras de l'eau, du nord au sud.

Le port nord

Entre la marina de Svanemølle et Kastellet s'étend, sur 3 km², le « port nord » (Nordhavnen), moins marchand qu'au siècle dernier mais encore très actif. Un **quartier vert (Århusgadekvarteret)** est même en train de voir le jour à deux pas du terminal où accoste le ferry d'Oslo : les urbanistes souhaitent transformer la zone portuaire en « ville durable du futur ». La première tranche doit être livrée pour 2025. Ce quartier, qui intégrera le bâti ancien (silos, entrepôts...), sera doté de canaux et ouvert sur la mer. Au sud, l'île artificielle de Trekroner fut créée en 1713 pour protéger l'entrée du port, et Refshaleøen (F2) abritait jusqu'en 1996 les chantiers navals Burmeister & Wain, véritable « icône » dans l'histoire industrielle du pays.

Le port intérieur

Le secteur compris entre Nordre Toldbod (E2) et Langebro (D4) constitue le « port intérieur » (Inderhavnen). Si vous le sillonnez en bateau-bus (*havnebus*, p. 193), vous verrez – au pied du siège de l'entreprise Mærsk, n° 1 mondial dans le domaine du transport maritime – les deux charmants pavillons de l'embarcadère royal. Et, sur l'autre rive, la frégate *Peder Skram* (www.pederskram.dk ; vis. juil./déb. août, t.l.j. 11h-17h ; 90 Kr). En poursuivant, vous apercevrez les superbes bâtiments de l'Opéra (p. 140) et du Skuespilhuset (p. 141). Si vous embarquez avec Canal Tours

Nager dans le port

Depuis 2003, le port est « cristallin ». On peut s'y baigner ! Bien sûr, c'est de l'eau de mer : elle est fraîche, salée, et il peut y avoir du courant mais elle est ultra-propre. Il existe trois bains portuaires *(havnebad)* ouv. de juin à sept. et surveillés t.l.j. 11h-19h, gratuits (www.teambade. kk.dk) : un à **Islands Brygge** (Islands Brygge 14 - D5), un autre, en face un peu plus loin, à **Fisketorvet** (« Copencabana » Kalvebod Brygge 55 – C-D5) et le dernier plus au sud à **Sluseholmen** (Ben Websters Vej 69 – HP par D5). Les trois sont dotés de bassins pour les enfants.

(p. 195), vous contournerez Holmen (F3), l'arsenal de Frederiksholm, ses vieux hangars et son ex-chantier de vedettes lance-torpilles, converti en résidence de luxe, pour aboutir devant le Diamant noir (p. 40).

Le port sud (Sydhavnen)

Une fois franchi le Langebro, le bateau laisse à bâbord le plongeoir en bois des bains d'Islands Brygge (ci-dessus), aménagés par le cabinet Plot, et à tribord le centre commercial Fisketorvet et son bain surveillé (ci-dessus). Un peu plus loin, les tours cylindriques accolées sont les anciens silos de la Sojakagen (une ancienne fabrique de gâteaux de soja) métamorphosés en immeuble d'habitation : Gemini. Dernière escale : Teglholmen, un quartier très défavorisé autrefois, qui a remporté en 2009 le 1er Prix d'urbanisme. **Au départ de Nordre Toldbod, rejoignez le centre-ville en prenant le bateau-bus *(havnebus)* n° 991 • Billet : 26 Kr (gratuit avec le City Pass ou la CPH Card).**

Islands Brygge Havnebadet

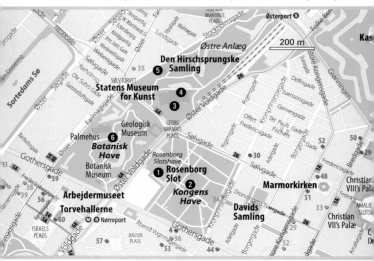

Rosenborg s'organise autour du beau château rouge qui fut longtemps le séjour favori des souverains danois. En traversant le jardin royal, on atteint le parc botanique et sa douce palmeraie, puis le jardin d'Østre Anlæg, qui accueille le monumental SMK et ses somptueuses collections.

❶ ROSENBORG SLOT★★★

Château de Rosenborg

Lorsque le roi Christian IV le fit bâtir en 1606, ce n'était qu'un pavillon d'agrément, à deux étages et modeste tourelle, perdu au milieu des champs. Mais très vite, il

entreprit de l'agrandir pour s'offrir, en 1634, un vrai château dans le goût de la Renaissance hollandaise, auquel il donna le nom de Rosenborg (le château de la Rose)... L'édifice surprend par sa déco très bigarrée – chaque roi y ayant laissé sa marque – et par la diversité de ses collections.

Salon d'hiver et Grande galerie

Des sept salles du rez-de-chaussée, retenez surtout les n°s 1 et 5, décorées au XVIIe s. : le salon d'hiver de Christian IV (n° 1), tout en chaudes boiseries et peintures flamandes, conserve un précieux plateau de table florentin en mosaïque de pierres dures. Quant au salon de Frederik III (n° 5), il doit à un artiste italien, Francesco Bruno, son extravagant plafond ruisselant de stucs et ses murs en *scagliola* (faux marbre).
Au 2e étage, on admire un service Flora Danica (n° 23 ; voir p. 186) mais aussi la salle des chevaliers, dite aussi « Grande galerie », ornée de tapisseries commémorant les victoires de Christian V en Scanie (1675-1679). Les trônes - celui de la reine, en argent, et celui du roi, en dent de narval - ne sont plus utilisés depuis 1840, mais à la mort du souverain, les trois lions d'argent *(sølvløver)* montent encore la garde autour de son lit de parade.

La salle du Trésor

C'est au sous-sol du château que sont exposées les couronnes royales *(kongekroner)*. Elles ne sont plus portées depuis l'instauration de la monarchie constitutionnelle en 1849, mais sortent parfois de leur vitrine : à la mort du souverain, la couronne est posée sur son cercueil. La plus rutilante est celle de Christian IV (1596) qui, entre émaux et diamants, arbore trois figurines symbolisant ses vertus : justice, force, charité.
Øster Voldgade 4A • ☎ 33 15 32 86
• **www.kongernessamling.dk**
• Mai-oct. : t.l.j. 10h-16h (9h-17h juin-août) ; nov.-avr. : mar.-dim. 10h-14h ;
F. 1er jan., 23-25 déc. • Entrée : 110 Kr.

Rosenborg Slot

❷ KONGENS HAVE★★

Jardin du Roi
Autrefois rattaché à Rosenborg, le plus ancien des jardins royaux danois fut conçu à la demande de Christian IV, au début du XVIIe s., dans un style Renaissance. C'est aujourd'hui un havre de verdure, très convoité aux beaux jours, où l'on vient faire son jogging, assister à un spectacle de marionnettes, jouer à la pétanque au pied de la statue d'Andersen sculptée par August Saabye en 1880 ou s'enivrer du parfum de la roseraie. Il y a même, à l'orée du jardin du Roi, une collection d'art islamique, la **Davids Samling**

(Kronprinsessegade 30 ; ☎ 33 73 49 49 ; www.davidmus.dk ; mar.-dim. 10h-17h, jusqu'à 21h le mer. ; accès libre).
Øster Voldgade 4 • ☎ 33 95 42 00 • www.slks.dk • T.l.j. 7h-17h ou 23h selon la saison • Accès libre.

❸ STATENS MUSEUM FOR KUNST (SMK)★★★

Musée national des beaux-arts
À voir en priorité, la collection de tableaux danois, qui occupe le 2e étage. Seul un échantillon du fonds est exposé – 400 œuvres sur 3 500 au total – mais il embrasse les meilleurs représentants du genre, de l'âge d'or à l'aube du XXe s.

L'âge d'or de 1800-1850

Cette période féconde s'ouvre avec C. W. Eckersberg, qui fut le tout premier à planter son chevalet en plein air et à peindre des vues humbles, délicates et souvent panoramiques de la campagne : c'est le cas de *Paysage avec échalier, île de Møn* (1810). Son élève Christen Købke nous a laissé lui aussi des tableaux tout en nuances : sa *Vue d'Østerbro dans le matin* (1836) décrit, avec un sens aigu de la lumière, des pêcheurs et des paysans sur le chemin du marché.

La Percée moderne

Vers 1870, le ton change. Les peintres de la « Percée moderne » se tournent vers le peuple, un sujet que les générations précédentes avaient souvent relégué au second plan. La salle 224 réunit plusieurs toiles réalistes qui ont pour héros des gens ordinaires. La plus remarquable ? *Bateau de sauvetage* (1883) de Michael Ancher, qui faisait partie d'une colonie d'artistes installée dans le nord du Jutland (« les peintres de Skagen »). Les *Locataires expulsés*, d'Erik Henningsen (1892), s'inscrit

Statens Museum for Kunst

❹ Pour une pause avec vue : Depanneur

Le café-resto installé au cœur du SMK propose une formule midi à 200 Kr, avec deux *smørrebrød* et une boisson. On y va moins pour la nourriture que pour la vue sur le **jardin Østre Anlæg** (étendu sur le site des anciennes fortifications), qui se dévoile à travers d'immenses baies vitrées. Petit plus, certains livres vendus dans la librairie du musée sont en consultation libre.

Sølvgade 48-50 • ☎ 25 52 72 36 • www.smk.dk • Mar.-dim. 11h-16h50 (jusqu'à 19h50 le mer.).

dans la même veine. Salle 228, on découvre l'énigmatique Vilhelm Hammershøi, qui arpentait les canaux de Christianshavn (p. 46), livrant des œuvres mélancoliques. Paysages dépeuplés, intérieurs austères, tout est silence, même la palette, réduite à des tons gris et sourds qui rappellent Vermeer. Le SMK conserve aussi des œuvres de Matisse, de maîtres anciens (Bruegel, Guardi, Poussin, Rubens...) et quelques curiosités comme les trompe-l'œil du Flamand Gijsbrechts (salle 206) dont les rois étaient très friands.
Sølvgade 48-50 • ☎ 33 74 84 94 • www.smk.dk • Mar.-dim. 11h-17h (jusqu'à 20h le mer.) • Entrée : 110 Kr.

❺ DEN HIRSCHSPRUNGSKE SAMLING★★

La collection Hirschsprung

Si vous avez été sensible aux tableaux danois du SMK, faites un crochet par cet autre musée : il offre un concentré attachant de paysages infiniment poétiques,

signés des meilleurs artistes de l'âge d'or et de l'école de Skagen ! *Le Château de Frederiksborg au coucher du soleil*, de Christen Købke (1835), est un miracle de pure peinture, tout comme *Soir d'été sur la plage* de P. S. Krøyer.
Stockholmsgade 20 • ☎ 35 42 03 36 • www.hirschsprung.dk ; F. 1ᵉʳ jan., 23-26 et 31 déc. • Mer.-dim. 11h-16h • Entrée : 75 Kr.

❻ BOTANISK HAVE★★

Au Jardin botanique, tout invite à la contemplation : le petit lac, les bancs, les nénuphars... Aménagée en 1871 à l'emplacement des anciens remparts, cette oasis de verdure dispose d'une **serre à orchidées** (mer. et sam.-dim. 14h-15h) et d'une belle **serre à palmiers** (*Palmehus*, avr.-sept. 10h-17h ; oct.-mars 10h-15h) qui affiche toujours 30 °C au thermomètre.
Entrée : Gothersgade 128 (ou Øster Farimagsgade 2C) • ☎ 35 32 22 22 • www.botanik.snm.ku.dk • Avr.-sept. : t.l.j. 8h30-18h ; oct.-mars : t.l.j. 8h30-16h ; f. 24 déc. • Accès libre (certaines serres sont fermées pour rénovation).

Copenhague à vélo

C'est le moyen de transport le plus populaire, en toutes circonstances. Chaque jour ouvrable, les Copenhaguois parcourent en moyenne 1,2 million de kilomètres à vélo (soit environ 2 km par habitant) ! Si bien que seuls 29 % d'entre eux possèdent une voiture. Copenhague se place en chef de file en matière de cyclisme citadin, inventant même le mot « *copenhagenization* » pour décrire son modèle urbain.

Adresses

• **Rent a bike**
Pedalatleten Østerport • Oslo Plads 9 (E2) ; Bus 1A, 26 ou face à la station de S-tog Østerport • ☎ 33 33 85 13 • www.rentabike.dk • Lun.-ven. 8h-18h, sam. 10h-15h • Tarifs : 125 Kr (1 j.), 425 Kr (1 semaine).

• **Københavns Cyklebørs**
Gothersgade 157 (G6), près de l'angle S-O du Botanisk Have ; Bus 5A, 40 ou S-tog Nørreport • ☎ 33 14 07 17 • www.cykelborsen.dk • Lun.-ven. 10h-17h30, sam. 10h-14h (et mai-août dim. 10h-14h) • Tarifs : 90 Kr (1 j.), 170 Kr (2 j.), 240 Kr (3 j.), 450 Kr (1 semaine). • Possibilité de louer un GPS avec des tours guidés intégrés grâce au partenariat avec Bike the City (www.bikethecity.dk).

• **Baisikeli**
Ingerslevsgade 80 (C5) ; S-tog Dybbølsbro • ☎ 26 70 02 29 • www.baisikeli.dk • Lun.-ven. 10h-18h, sam.-dim. 10h-16h • Tarifs : 50 Kr (6 h), 80 Kr (24 h), 115 Kr (2 j.), 150 Kr (3 j.).

PISTES CYCLABLES

Les premières pistes cyclables ont été créées ici en 1905. Aujourd'hui, la capitale compte 350 km de *cykelstier* (vraies pistes cyclables, en site propre), 23 km de *cykelbaner* (« bandes cyclables » séparées de la voie principale par une simple ligne blanche) et 43 km de *grønne cykelruter* (routes vertes aménagées le long des parcs, des lacs, de la mer…). La municipalité a prévu de créer, d'ici 2026, 67 km de nouvelles « routes vertes » et 70 km supplémentaires de pistes cyclables. La carte du réseau *(Cykelkort København)* est disponible à l'office de tourisme (p. 194) ou sur www.international.kk.dk (rubrique « Live », puis « Transport »).

CODES

Au Danemark, le cycliste est roi. Il a priorité sur tous les autres usagers de la route (hormis les piétons). Attention aux arrêts de bus : il doit rester en retrait du bus pour que les passagers puissent descendre ou monter en toute sécurité.

Autre particularité : s'il veut tourner à gauche au bout de la piste, il doit descendre de sa monture et emprunter le passage piéton.

Pour le reste, le code est simple : respectez les marquages au sol et les feux ; ne traversez jamais au rouge (l'amende est de 1000 Kr pour les cyclistes). Veillez à bien rouler à droite ; à klaxonner (une seule fois !) pour prévenir que vous souhaitez doubler ; à lever distinctement la main droite pour signaler aux autres que vous voulez vous arrêter.

Copenhague à vélo

Soyez vigilant aux heures de pointe : les Copen-haguois roulent vite. Sur certains tronçons comme Nørrebrogade et Østerbrogade, les feux de signalisation sont synchronisés de telle sorte que 30 000 cyclistes peuvent parcourir 2,5 km en 7 min top chrono. Sachez enfin qu'il est possible, moyennant l'achat d'un billet spécial (cykelbillet) de monter avec son vélo dans le métro, le havnebus, le train « Øresund » et le S-tog (sauf aux heures de pointe, de sept. à mai : 7h-9h et 15h30-17h30).

À LOUER

Il est facile de louer une bicyclette (ci-contre). Ce n'est pas exorbitant – les tarifs sont dégressifs – et l'on trouve des loueurs un peu partout, surtout en été, qui proposent différents types de vélo (budget, standard, famille, tandem, avec panier...). En général, une caution est exigée – de 300 à 1000 Kr – ainsi qu'une pièce d'identité. Notez que de nombreux hôtels proposent également la location de vélos.

Torvehallerne

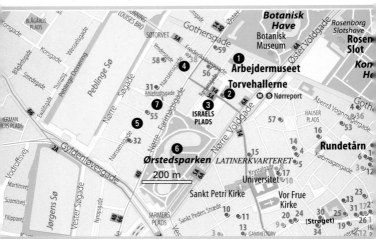

Vous frisez l'overdose de souvenirs royaux ? Un bon remède : Torvehallerne et Nansensgade ! L'atmosphère qui règne entre cette vaste place et cette rue emblématique fait couler beaucoup d'encre : les uns parlent à son sujet de cool nordique, les autres de feng shui intérieur. C'est vrai qu'il y règne un je-ne-sais-quoi de décontracté. Voici donc une courte balade hors circuits touristiques, entre la station très agitée de Nørreport et le lac de Peblinge.

❶ ARBEJDERMUSEET★

Musée des Ouvriers
Installé dans l'ancien QG du parti social-démocrate, ce musée retrace les difficiles conditions de vie dans les faubourgs et sur les docks de Copenhague, depuis les débuts de l'industrialisation jusqu'aux années 1960. Le plus émouvant ? L'appartement de la famille Sørensen, au 2e étage. Légué au

musée en 1990, il a été conservé en l'état. On regrette toutefois que la majorité des explications ne soient présentées qu'en danois.
Rømersgade 22 • ☎ 33 93 25 75 • www.arbejdermuseet.dk • T.l.j. 10h-16h (sept.-juin : 19h mer.) ; F. 1er jan., 24-25 et 31 déc. • Entrée : 75 Kr.

❷ TORVEHALLERNE★★

Au nord d'Israels Plads (ci-contre), les halles conçues en 2011 par Hans Peter Hagen abritent le meilleur de la marée *(Hav)* et des potagers *(Solfrugt)*, de nombreux produits bio (à Copenhague, 51 % de l'alimentation dans les cantines et cafétérias d'entreprise est bio), et un stand assez irrésistible : Sweet Valentine (www. sweetvalentine.dk), qui propose des assortiments de gâteaux traditionnels *Lagkager* et douze types de macarons différents – réglisse, gingembre, chocolat (15 Kr le macaron, 40 Kr les 3)...
Frederiksborggade 21 • www. torvehallernekbh.dk • Lun.-jeu. 10h-19h, ven. 10h-20h, sam. 10h-18h, dim. 11h-17h.

❸ ISRAELS PLADS★★

Autrefois sinistre parking, ce vaste espace urbain est devenu en quelques années le meilleur

Torvehallerne

➍ Pour une pause *caffè latte* : Kalaset

Tout le monde vous le dira : Kalaset, en sous-sol ou sur le trottoir, c'est
« *the place to be* » pour siroter un *latte* dans le quartier. Bien sûr, le
lait de soja est bio, l'ambiance jeune et le brunch, copieux. Vous pouvez aussi vous laisser tenter par des pancakes (65 Kr), des smoothies
ou des burgers (115-130 Kr).

**Vendersgade 16 • ☎ 33 33 00 35 • www.kalaset.dk • Lun.-jeu. 10h-minuit,
ven.-sam. 10h-2h, dim. 10h-23h.**

spot de pique-nique du quartier.
Son secret ? Un « tapis volant »
en bitume, imaginé par les
architectes du COBE, qui
sculpte une esplanade toute en
courbes et vallons, sur laquelle
il fait bon se (re)poser.

➎ NANSENSGADE★★

Ici, pas de grandes enseignes ni
de marques à la mode : juste une
poignée de cafés *hyggelig* (voir
p. 150), de jeunes créateurs et de
bouquinistes aux horaires bohèmes.
Piet Breinholm au n° 48 (p. 175)
reçoit le vendredi et la librairie
ancienne Antikvariat au n° 70
ouvre trois après-midi par semaine
(mer.-ven. 13h-17h30) ! Par chance,
l'atelier Schäfer au n° 43 expose
même le samedi ses collections
d'arts graphiques : linogravures
de Knud Odde ou tirages limités

Israels Plads

de Per Kirkeby (☎ 33 13 12 31 ;
www.schaefergrafik.dk ; lun.-
ven. 9h30-17h30, sam. 10h-13h).

❻ ØRSTEDSPARKEN★★

En hiver, on y fait du patin à
glace et de la luge ; au printemps,
il se constelle de crocus : ce
parc romantique qui porte
le nom du physicien, père de
l'électromagnétisme, H. C. Ørsted
(1777-1851), a été dessiné sur le
modèle des jardins à l'anglaise.
Autour de son lac aux formes
serpentines, vous trouverez des
copies en bronze de sculptures
antiques, dons du brasseur
Carl Jacobsen, une aire de jeux
pour les enfants, un barbecue…
et partout, des habitants du
quartier venus profiter d'un
rayon de soleil une bière ou une
glace à la main. Typiquement
dans l'esprit Nansensgade.
Accès libre 24h/24.

Ørstedsparken

❼ Pour une pause *hyggelig* : Bankeråt

Le café « historique » de Nansensgade est à l'image du quartier, *hyggelig*, hétéroclite et décontracté. On s'y attable devant des assiettes
qui se veulent cosmopolites – l'heure est aux tapas, aux penne car-
bonara et au houmous – dans un décor original (les animaux taxider-
misés et travestis sont de Filip Jensen).

**Ahlefeldtsgade 27-29 ; Bus 5A, 6A, 14, 40, M° ou S-tog Nørreport
• ☎ 33 93 69 88 • www.bankeraat.dk • Lun.-ven. 9h30-minuit, sam. 10h30-
minuit, dim. 10h30-18h • Sandwich : à partir de 99 Kr ; salade : 129 Kr.**

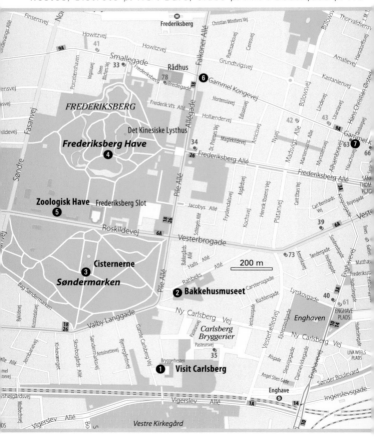

Frederiksberg est une commune à part entière, chic et bon teint, résidentielle, enclavée dans Copenhague. Pour être plus vite dans le vif du sujet, prenez le RER (S-tog) B, C ou H jusqu'à Enghave : vous ne serez plus qu'à 10 minutes de marche des gros éléphants de pierre qui gardent l'entrée de Carlsberg, la quatrième brasserie du monde ! Ensuite, vous pourrez vous oxygéner à loisir dans deux magnifiques jardins du quartier, et terminer par un peu de shopping sur Gammel Kongevej.

❶ VISIT CARLSBERG★

La visite du centre d'accueil Carlsberg débute par les écuries et s'achève, comme il se doit, par une dégustation. Dans l'intervalle, vous aurez droit à un topo un peu confus sur les procédés de fabrication de la bière. Par chance, la collection de bouteilles de bière - la plus grande à ce jour - mérite une photo !
Le Jacobsen Brewhouse & Bar (1er étage) affiche quelques en-cas plaisants, telle l'assiette du chef, composée de spécialités danoises au pain de seigle (135 Kr).
Gamle Carlsberg Vej 11 • ☎ 33 27 10 20 • www.visitcarlsberg.dk • Mar.-dim. 10h-17h ; t.l.j. 10h-20h mai-sept. • Navette gratuite entre l'usine et la gare centrale : avr.-sept., 1 navette par heure t.l.j. 11h25-17h25 • Entrée : 100 Kr.

❷ BAKKEHUSMUSEET★★

Pour vous faire une idée d'un intérieur bourgeois de l'âge d'or, visitez la « maison sur la colline » *(bakke hus)*, propriété, au début du XIXe s., d'un critique littéraire, Knud Rahbek, et de sa femme Kamma, qui y recevaient aussi bien le chef de file du romantisme danois

Adam Œhlenschläger que le jeune Andersen. La déco est dans l'air du temps : tableaux de J. C. Dahl, chiffonniers en acajou et chaises placées de façon à jouir à la fois de la vue et de la conversation.

Visit Carlsberg

L'orangerie vient d'être rénovée et transformée en café-restaurant d'été absolument charmant (avr.-sept. mar.-dim. 11h-17h) ! Rahbeks Allé 23 • ☎ 33 31 43 62 • www.bakkehusmuseet.dk • Mar.-dim. 11h-17h • Entrée : 50 Kr.

❸ SØNDERMARKEN★ ET CISTERNERNE★★

Ce superbe parc vallonné abrite un musée souterrain, Cisternerne, installé dans un ancien réservoir d'eau potable, aujourd'hui transformé en lieu d'expositions temporaires. L'endroit est particulièrement scénographique, avec ses voûtes et ses puits de lumière. Un havre de paix. **Søndermarken :** entrée sur Valby Langgade ou Roskildevej • www.kongeligeslotte.dk • T.l.j. de 6h au coucher du soleil • Accès libre. **Cisternerne :** ☎ 30 73 80 32 • www.cisternerne.dk • Mar.-dim. 11h-14h ou 20h, variable en fonction de la saison ; F. déc.-fév. • Entrée : 60 Kr.

❹ FREDERIKSBERG HAVE★

Au nord de Søndermarken s'étend un autre jardin, bordant le **château de Frederiksberg** (terrain militaire, ne se visite pas). Baroque à l'origine, le jardin a été remodelé sous Frederik VI en parc à l'anglaise. Dommage que le **pavillon chinois** (1803) ne soit ouvert que les dim. d'été de 12h à 18h (det Kinesiske Lysthus, mai-sept.). Entrée sur Roskildevej • www.kongeligeslotte.dk • T.l.j. de 6h au coucher du soleil • Accès libre.

Zoologisk Have

❼ Pour une pause *slow food* : Meyers Deli

Claus Meyer est à l'origine de la nouvelle cuisine nordique et du fameux restaurant Noma (p. 130). Dans son « épicerie », vous ne trouverez donc que de bonnes choses à savourer calmement sur place ou à emporter : saumon mariné le midi (135 Kr), petits plats inventifs le soir, brunch à 125 Kr le matin...

Gammel Kongevej 107 • ☎ 33 25 45 95 • www.meyersmad.dk • T.l.j. 8h-22h (21h le dim.).

❺ ZOOLOGISK HAVE★★

Jardin zoologique
Prêt pour un voyage dans le Grand Nord ? Le zoo de Frederiksberg a deux points forts : le pavillon des éléphants *(elefanthus)*, conçu en 2008 par l'architecte Norman Foster, et la faune du cercle polaire (élans, rennes). Surtout, depuis l'ouverture (2012) de l'Arktiske Ring, on peut voir, derrière un tunnel de verre, nager les ours blancs *(isbjørn)*. À l'entrée du zoo, une **tour** en bois (accès : 10 Kr) offre par temps clair de belles échappées sur la côte suédoise.
Roskildevej 32 • ☎ 72 20 02 00 • www.zoo.dk • T.l.j. 10h-16h ou 18h (jusqu'à 20h du 1er juil. au 13 août) • Entrée : 180 Kr.

❻ GAMMEL KONGEVEJ★

À l'est de la mairie (*Rådhus*, vis. possible le 1er sam. du mois à 13h) se profile la rue principale de Frederiksberg et l'une des grandes artères commerçantes de Copenhague : Gammel Kongevej, aménagée par Christian IV vers 1620. Elle vous paraît trop longue ? Vous pouvez raccourcir le trajet en prenant le bus 9A jusqu'à Værnedamsvej mais vous rateriez en chemin plusieurs boutiques sympa : Mint Records au n° 140A ou Gardenia Copenhagen au n° 107 (p. 177)...

11 Vesterbro
ET KØDBYEN

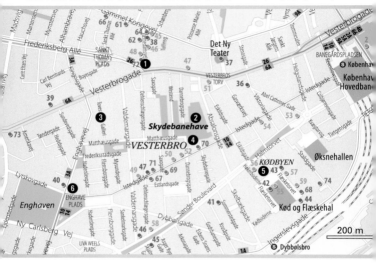

Il y a vingt ans, on vous aurait déconseillé de vous aventurer dans l'ouest de Copenhague : son Red Light District, situé derrière la Gare centrale, était aussi glauque que junkie. Mais Vesterbro a beaucoup changé ces dernières années, attirant une population arty et branchée. Dans ses rues, les bars à bière, cafés-librairies et autres bons plans gourmands se multiplient. Les anciens abattoirs (*Kødbyen*) témoignent notamment de cette évolution radicale, métamorphosant une zone ouvrière en spot nocturne. À la mode, mais toujours populaire, Vesterbro réussit son pari (pour l'instant).

❶ VÆRNEDAMSVEJ★

Si vous souhaitez vous échapper de la très animée Vesterbrogade, la grande avenue commerçante de Vesterbro, filez au nord, dans cette jolie rue qui marque la frontière avec la commune de Frederiksberg. On lui prête un charme « parisien », sans doute parce que l'épicerie Le Gourmand, au n° 3, vend du brillat-savarin et d'excellentes charcuteries françaises (www. legourmand. dk), et que le restaurant au n° 10 s'appelle Les Trois Cochons (voir p. 120), mais ça n'explique pas tout… Il y a au n° 13 une école qui porte le prénom du prince consort, Henri de Montpezat (voir p. 43) : Prins Henriks Skole, et c'est le lycée français de Copenhague !

❷ SKYDEBANEHAVE★★

L'entrée de ce jardin, sur Istedgade, est pour le moins surprenante. Un immense mur de briques rouges surmonté de tourelles, façon pont-levis, est percé d'un petit portail. Avant 1948, c'était un champ de tir *(skydebane)* où venaient s'exercer les membres de la Société royale. Et pour éviter que les passants ne reçoivent une balle perdue, un architecte l'avait clos (1887) d'un très haut mur, dont quelques pans perdurent encore. Aujourd'hui, ce jardin public attire les familles, dont les enfants jubilent grâce aux – très – nombreux jeux et à la petite piscine d'extérieur, ouverte en été. **Istedgade 86.**

Værnedamsvej

❸ Pour une pause streetfood : West Market

Aux heures de repas, on se presse dans ce marché couvert devant les différents stands : *bò bún* façon Copenhague, pâtes fraîches, *smørrebrød* minute (chez Selma), et autres viennoiseries moelleuses (Khorn). À déguster aux grandes tables communes ou dans la jolie cour extérieure s'il fait beau.

Vesterbrogade 97 (une entrée également sur Matthæusgade)
• www.westmarket.dk
• T.l.j. 8h-22h ; les horaires des stands varient.

Dansk made for rooms

❹ ISTEDGADE★★

C'est le deuxième axe de Vesterbro, qui part de la gare et rejoint Enghave Plads. Sur les premiers blocs, Istedgade égrène son lot de sex-shops et autres établissements peu reluisants, mais progressivement, la rue se transforme (et se gentrifie) pour devenir plus branchée et bohème, à partir de Kødbyen. On y trouve des magasins de design (Dansk made for rooms p. 179), de vêtements (The Organic Club p. 179) et de nombreux restaurants.

❺ KØDBYEN★★★

Si vous ne devez sortir qu'un soir à Copenhague, c'est ici qu'il faut venir, dans le quartier des abattoirs ! Dit comme ça, ce n'est

Kødbyen

peut-être pas très engageant mais c'est un rare exemple d'architecture fonctionnaliste des années 1931-1934 et vous n'y verrez pas que des bouchers en blouse : la « ville » de béton blanc, dessinée par Poul Holsøe, est aujourd'hui un pôle très *kreativ* avec station de radio, école de musique, bowling, salle de fitness, galeries d'art contemporain comme V1 (p. 178) et Poulsen (p. 180) ou Bo Bjerggaard au n° 85A... ainsi qu'une ribambelle de *delis*, *grill bars* et autres *take-away* très courus le vendredi soir. Sønder Boulevard, l'avenue qui longe le nord de Kødbyen, est aussi prisé des noctambules, puisqu'on y trouve un certain nombre de restos et bars agréables.

❻ Pour une pause kebab : Pasha Kebab

Parce que rien ne vaut un bon kebab pour caler une petite faim entre deux sorties, voici la meilleure adresse du quartier. Allez-y les yeux fermés ! Vente à emporter uniquement.

Enghavevej 57 ; Bus 3A
• **www.pasha-kebab.dk**
• **Lun.-ven. 11h-22h, sam.-dim. 12h-22h • Kebab : 69 Kr.**

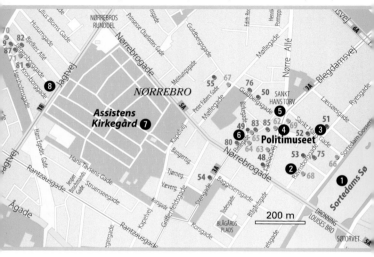

Difficile de décrire en un mot le quartier qui vous attend au bout du pont de la reine Louise ! Ni riche ni feutré, mais résolument « multi-kulti » avec 28 % de migrants originaires de Turquie, Liban, Somalie et Pakistan, il a pour artère principale Nørrebrogade, peu attrayante. En revanche, plusieurs rues alentour séduisent par leurs cafés et boutiques. C'est le cas d'Elmegade et de Jægersborggade qui sont déjà presque bobos. La promenade dans Nørrebro se termine par un tour dans le superbe cimetière d'Assistens Kirkegård, aux allures de paisible jardin public.

Sortedams Sø

❶ SORTEDAMS SØ★

Le Sortedam - « l'Étang noir » - est
l'un des trois lacs *(sø)* rectangulaires
qui séparent la vieille ville de ses
faubourgs. Et il est sans doute le
plus magique, bien que ses abords
aient changé depuis le temps où
Christen Købke le peignait par une
belle soirée d'été (1838). Vous avez
raté ce tableau au SMK (p. 62) ?
Arrêtez-vous à la hauteur du Café 22
(p. 126) pour le contempler à loisir.

❷ RAVNSBORGGADE★★

Ravnsborggade est un peu
la « rue des brocanteurs » :
ils sont une petite dizaine,
répartis sur les deux trottoirs

❸ Pour une pause bière & burger : Café Gavlen

Le charme du « Pignon » *(Gavlen)* tient moins à son expresso qu'à son
ambiance : avec le terrain de streetball juste en face, on se croirait
presque à Brooklyn ! Les habitués s'y arrêtent pour un burger végétarien, une bière bio (Thy Pilsner) ou un match de la Champions League
retransmis sur grand écran. Trop *hygsomt* (« cool »).

**Ryesgade 1 • ☎ 35 37 02 37 • www.cafegavlen.dk • Lun.-jeu. 8h-minuit,
ven.-sam. 8h-2h, dim 8h-23h.**

de cette rue autrement plutôt résidentielle, et plusieurs dimanches par an, ils y organisent un marché aux puces (dates sur www.ravnsborggade.dk, rubrique « flea market »).

❹ POLITIMUSEET★

Le musée de la Police
Un musée insolite : l'ancien commissariat de Nørrebro ! Les fans de la série *The Killing* n'y trouveront aucun indice sur le meurtre de Nanna Birk Larsen mais il y a quelques cas historiques et épineux qui n'auraient pas déplu à Sarah Lund, comme le marchand de fruits et légumes n° 34 qui eut le temps de percer 58 coffres-forts avant d'être arrêté en 1931, ou la femme n° 40, condamnée en 1921 pour avoir brûlé dans son fourneau les enfants qu'on lui confiait… Au printemps, le musée propose des visites guidées de Nørrebro, menées par un ancien policier qui raconte les histoires criminelles du quartier (une fois par mois, le dim., 11h-12h30, détails sur le site Internet).
Fælledvej 20 • ☎ 35 36 88 88 • www.politimuseum.dk • Mar., jeu. et dim. 11h-16h • Entrée : 40 Kr.

❺ TELEFONKIOSK★

Ce petit édicule à toit de cuivre, conçu par Fritz Koch (1896), est l'une des premières cabines téléphoniques du Danemark. À l'époque, une opératrice était assise à l'intérieur 6 jours sur 7, de 8h à 22h, et vous passait le combiné, moyennant 10 øre !
Sankt Hans Torv.

Assistens Kirkegård

❻ ELMEGADE★

Autour de la place Sankt Hans, les rues portent souvent des noms d'arbres. La plus plaisante est la « rue de l'Orme » (Elmegade), jalonnée de friperies et de boutiques créatives : il y a Remö au n° 3 (p. 181), ainsi qu'un lot de fringues Norse Projects chez Stokkel n° 3 (n° 3 ; www.stokkel-plank.dk ; ☎ 35 34 60 49 ; lun.-ven. 11h-18h, sam. 11h-16h). Profitez-en pour faire un peu de lèche-vitrines !

❼ ASSISTENS KIRKEGÅRD★★

Le cimetière Assistens
Des pistes cyclables, un jogger qui s'échauffe, un pique-nique au pied d'un tulipier de Virginie... A priori, on dirait un parc mais il s'agit, depuis 1760, du plus grand cimetière de Copenhague. Un havre de paix romantique où l'on vient bronzer, l'été, parmi les tombes des hommes illustres. H. C. Andersen repose dans le secteur P (n° 135) et Søren Kierkegaard dans le secteur A (n° 19).
Entrée par Kapelvej ou Jagtvej
• www.assistens.dk • T.l.j. 7h-19h
(jusqu'à 22h d'avr. à sept.)
• Accès libre.

❽ JÆGERSBORGGADE★★

Traversez le cimetière... Vous vous retrouverez juste en face de cette rue en pleine conversion : mal famée jusque dans les années 1990, elle aligne désormais un

Jægersborggade

chapelet d'échoppes conviviales, comme Inge Vincents (p. 182), ou des restaurants étoilés (Relæ, p. 127). Sans oublier, à l'heure du petit noir, l'excellent Coffee Collective (p. 127) !
Si vous rejoignez le centre depuis le métro Nørrebro, profitez-en pour jeter un œil au niveau du n° 210 de Nørrebrogade (C2) : le **Superkilen Park** imaginé par Bjarke Ingels Group (BIG) est pour le moins surprenant avec ses trois zones dévolues à la détente et matérialisées par des lignes courbes ou un sol peint en rouge et rose !

13 Østerbro
ET BRUMLEBY

Restos, bistrots p. 128 ı Bars, clubs p. 153 ı Boutiques p. 183

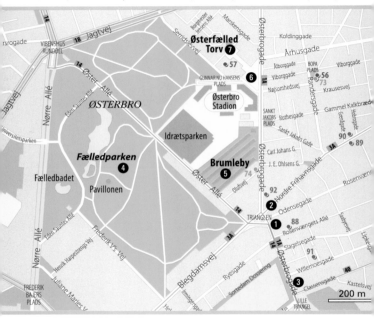

Commencez votre découverte d'Østerbro par Trianglen, le cœur de ce quartier bourgeois, également fief du FCK, le club de foot de Copenhague. En 2018, Østerbro sera desservi par deux lignes de métro (d'ici là, les bus 1A, 4A et 14 desservent ses rues). En attendant, il faut le sillonner à vélo ou mieux, à pied, car la large Østerbrogade n'est pas avare de boutiques *eksklusiv*.

❶ NORMANN★★★

En 2005, les designers Jan Andersen et Poul Madsen ont investi cette ancienne salle de cinéma pour y présenter toutes sortes d'articles *uimodståelig* (« irrésistibles »). Au top des ventes : la réédition des bols Krenit, qui valurent à Herbert Krenchel une médaille d'Or en 1954, et le batteur Beater décliné en corail, lavande, menthe... Lui aussi pourrait bien devenir une icône du design (100 Kr).
Østerbrogade 70 • ☎ 35 55 44 59
• www.normann-copenhagen.com
• Lun.-ven. 10h-18h, sam. 10h-16h.

Normann

❷ NORDRE FRIHAVNSGADE★

La rue qui relie Trianglen au port (Nordhavn) est longue mais pas monotone pour un sou. Vous y verrez un magasin de fripes au n° 60 (Rán & Rosanna, p. 184) et une boutique de gadgets au n° 50 (Con Amore ☎ 31 19 22 19 ; www. cona.dk ; lun.-ven. 11h-17h30, sam. 11h-14h).

❹ FÆLLEDPARKEN★

C'est le parc le plus fréquenté de la capitale, avec 11 millions de visiteurs par an, selon les

❸ Pour une pause smoothie : Joe & The Juice

Si vous avez une envie subite de smoothie énergisant à base de pomme, framboise et gingembre, sonnez chez Joe ! Il vous le préparera en direct sur une bande-son syncopée. La formule rappelle les *juicebars* new-yorkais ; en tout cas, ça marche très fort : Kaspar Basse en a déjà ouvert quarante comme celui-ci dans plusieurs autres pays.
Østerbrogade 48 ; Bus 1A, 14, 40 • www.joejuice.com • Lun.-ven. 8h30-19h, sam. 10h-17h, dim. 11h-17h • Jus de fruits : 40 Kr (le petit), 50 Kr (le grand).

Fælledparken

statistiques. Il est vrai qu'aux beaux jours, ça bouchonne un peu sur les pelouses : tournois de foot amateur, célébrations du 1er-Mai… En outre, un angle a été sacrifié au profit de la future ligne de métro, mais pas de panique : il reste suffisamment de place (56 ha) pour s'adonner aux joies du skate ou du tai-chi. Au Café Pavillon (ouv. avr.-sept.), *caffè latte* et gâteau 60 Kr, brunch 179 Kr. **Accès libre.**

❺ BRUMLEBY★★

Pour endiguer l'épidémie de choléra qui sévissait en 1853 dans les quartiers pauvres de la vieille ville, l'architecte M. G. Bindesbøll a bâti à Østerbro un logement social, le tout premier du genre au Danemark : de longues barres spartiates mais lumineuses, dotées de jardinets, de bains et de buanderies. Lorsqu'il fut achevé en 1872, il comptait 2 500 habitants, dont Martin Andersen Nexø, l'auteur de *Pelle le conquérant*, qui y passa, au n° B25/26, une partie de son enfance. Aujourd'hui, 400 personnes se partagent cette verdoyante enclave d'un autre temps. Au sud de Brumleby, avisez la très jolie Olufsvej, qui borde l'arrière de Brumleby et son chapelet de maisons colorées. **Østerbrogade 57.**

❻ Pour un brunch jusqu'à 15h : Kafe Kapers

En fait, chez Kapers, on peut grignoter à toute heure : le menu est varié et la terrasse agréable (on en oublierait presque les voitures) mais ce qu'il y a de mieux, c'est leur *luksusbrunch* à 119 Kr, servi t.l.j. de 9h à 15h (jusqu'à 16h le w.-e.), avec salade de pâtes, viande froide, mousse de thon, saumon fumé, muesli...

Gunnar Nu Hansens Plads 2 • ☎ 35 25 11 20 • www.kafekapers.dk • Dim.-jeu. 9h-minuit, ven.-sam. 9h-1h.

Brumleby

❼ ØSTERFÆLLED TORV★

Changement de décor : vous voici maintenant au milieu d'une ancienne caserne de hussards ! Un complexe néobaroque tout en briques rouges et fenêtres blanches, conçu par l'architecte Eugen Jørgensen en 1898, a été converti en 1996 en centre commercial et culturel, avec une scène pour la danse au n° 34 (Lille Scene) et une autre pour le théâtre au n° 37 (Republique, p. 153). Le petit plus ? On y trouve quelques magasins pas trop chers (Jysk, n° 25 ; www.jysk.dk) et parfois, sur la place centrale, un marché aux puces.
Entre Østerbrogade et Serridslevvej.

14 Roskilde
ET SON FJORD

Boutiques p. 185

Une excursion facile ? Roskilde, à 30 minutes en train de Copenhague. Cette charmante cité, qui fut capitale du royaume danois jusqu'en 1445, conserve de sa grandeur passée de précieux vestiges de navires vikings et une cathédrale gothique, inscrite sur la liste du Patrimoine mondial par l'Unesco. Allez-y ! Le chemin qui descend au fjord sent si bon les tilleuls (voir p. 194 les accès en train)...

❶ DOMKIRKE★★★

Cette imposante cathédrale en briques, avec ses flèches effilées, évoque le rôle crucial qu'a joué Roskilde du Xe au XVe s., comme capitale du Danemark. On raconte qu'elle fut bâtie à l'emplacement de l'église en bois du lointain roi Harald à la Dent bleue. Construit entre le XIIe et le XVe s., l'édifice de style gothique français est également célèbre pour sa nécropole royale, abritant les tombeaux de 20 rois et 17 reines.

De la nef au chœur

La *kongeloge* – la ravissante loge en bois doré qui surplombe la nef entre les 3e et 4e piliers nord – date du règne de Christian IV (p. 42). Jetez-y un œil (ses jolies cariatides symbolisent les vertus chrétiennes : charité, prudence...) ainsi qu'à l'orgue baroque qui lui fait face : c'est l'un des plus beaux du Danemark. Derrière le maître-autel à trois volets, importé d'Anvers vers 1560, vous croiserez le gisant de la reine Marguerite Ire et les sarcophages en marbre de Christian V et Frederik V.

La chapelle de Christian IV...

Elle a été décorée au XIXe s. par Vilhelm Marstrand – un élève d'Eckersberg (p. 62) – de grandes scènes historiques, entourées d'un habile cadre en trompe l'œil. Celle de droite nous montre, sur le pont d'un navire, Christian IV blessé à l'œil mais toujours aussi énergique, en train d'exhorter ses hommes à poursuivre la bataille contre la flotte suédoise. Notez au passage la virtuosité des grilles : celui qui les a forgées en 1618 – Caspar Fincke d'Elseneur – y a apposé sa signature tout en bas.

... et celle des Rois mages

Cette chapelle, qui doit son nom aux Rois mages figurant sur la fresque du mur sud, conserve deux magnifiques tombeaux – ceux de Christian III et Frederik II – conçus par des artistes hollandais à la façon de petits temples de l'antiquité romaine. Vous voyez les traits sur le pilier central ? Ils indiquent la taille des rois et des princes qui ont visité la cathédrale au fil du temps ; mais on se demande si certains, comme Christian Ier (2,19 m), ne seraient pas venus avec des semelles compensées... **Domkirkepladsen 3 • ☎ 46 35 16 24 • www.roskildedomkirke.dk • Avr.-sept. : lun.-sam. 10h-18h, dim. 13h-18h ; oct.-mars : mar.-sam. 10h-16h, dim. 13h-16h • Entrée : 60 Kr • En été : concerts d'orgue gratuits le jeu. à 20h.**

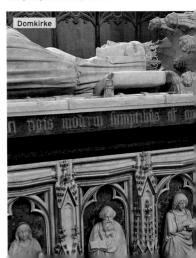
Domkirke

Roskilde Palæ

❷ ROSKILDE PALÆ – MUSEET FOR SAMTIDSKUNST★

Impossible de rater l'ancien palais royal (1733) jaune éclatant, situé juste à côté de la cathédrale, et désormais investi par le musée d'art contemporain de la ville. Les quatre ailes baroques, qui recevaient autrefois le roi lors de ses déplacements à Roskilde – principalement pour des cérémonies dans la cathédrale – abritent des expositions temporaires tout au long de l'année. **Stændertorvet 3D • ☎ 33 95 42 00 • www.samtidskunst.dk • Mar.-ven. 12h-17h (jusqu'à 20h le mer.), sam.-dim. 11h-16h • Entrée : 50 Kr.**

❸ JEPPE ART★

Même si la longue rue commerçante de Roskilde vous paraît un peu monotone, persévérez ! La galerie Jeppe Art, qui se trouve tout au bout, est tenue à tour de rôle par un collectif de 13 artisans plutôt talentueux. Ida Bjørn, notre préférée, y vend de pimpantes poteries fleuries de tulipes ou de marguerites à 150 Kr. Et Carl Christian, des figurines assez humoristiques en céramique. **Skomagergade 33 • ☎ 46 36 94 35 • www.jeppeart.com • Lun.-ven. 10h-17h30, sam. 10h-14h.**

❹ VIKINGESKIBS-MUSEET★★★

Le musée des Bateaux vikings
En 1962, des archéologues ont découvert, au fond de la mer, des milliers de fragments de bois : les restes de cinq bateaux vikings – un caboteur, un navire de guerre, un *snekke*, un navire hauturier, un bateau de pêche – qu'ils ont

réussi, à force de patience, à renflouer et à reconstituer. Ne les manquez pas : ils sont exposés au bord du fjord, dans une halle de verre et de béton conçue par l'architecte E. C. Sørensen en 1969. Une exposition retrace brièvement l'histoire des Vikings et de leurs raids en Europe. À voir également : le chantier naval et l'atelier des archéologues.
Vindeboder 12 • ☎ 46 30 02 00
• www.vikingeskibsmuseet.dk
• T.l.j. 10h-16h (jusqu'à 17h de mi-mai à août) ; F. 24-25 et 31 déc. • Entrée : 85 ou 130 Kr selon la saison • Voir aussi p. 185 : la boutique vaut le détour !

❺ ROSKILDE FJORD★★

Envie de prendre la mer ?
Tous les jours, de mai à sept., le Vikingeskibsmuseet organise de courtes sorties, à voile ou à rame, à bord d'une réplique de bateau viking (durée : 50 min ; prix : 100 Kr). Un seul regret : on ne s'éloigne pas beaucoup du port. Pour avoir un plus large aperçu du fjord de Roskilde, embarquez sur le *Sagafjord* : la mini-croisière de 15h par exemple offre un lent travelling sur les berges, les roselières et leurs oiseaux (Vindeboder 18 ;
☎ 46 75 64 60 ; www. sagafjord.dk ; de fin mai à sept. mar.-dim. ; durée : 1 h 30 ; 125 Kr).

❼ ROSKILDE HAVN★

Le port de plaisance de Roskilde réserve une agréable promenade le long des pontons et des petites maisons, dont certaines ont conservé leurs toits de chaume. Un sentier chemine le long du fjord, vers la mer. Sur le port, on pourra également découvrir l'ancienne **usine à gaz** *(Gasværk)*, désormais transformée en galerie exposant cinq artistes (Glasgalleriet Vinderboder 1 et Sankt Ibsvej 12 ; ☎ 46 35 65 36 ; www.glasgalleriet.dk ; lun.-ven. 10h-17h30, sam.-dim. 12h-16h ; accès libre). Les créations les plus séduisantes sont celles du verrier Skak Snitker, un ancien élève des « Arts A » de Copenhague : de douces couleurs serpentent à la surface de ses flûtes.

❻ Pour une pause viking : Snekken

Ce resto, qui porte le nom d'un petit bateau de guerre viking *(snekke)*, est l'occasion d'aborder l'histoire de ce peuple d'une manière différente, à travers la gastronomie. Des assortiments de 5 spécialités vikings *(De fem skibe)* sont servis à 175 Kr. Depuis la terrasse, vue imprenable sur le fjord.

Vindeboder 16 • ☎ 46 35 98 16 • www.snekken.dk • Avr.-sept. : t.l.j. 10h-22h ; oct.-mars : lun.-ven. 11h30-22h, sam. 10h-22h, dim. 10h-17h.

Le vrai visage des Vikings

Si l'on en croit les récits des moines du Moyen Âge, les Vikings étaient des brutes épaisses, de sanguinaires prédateurs, qui passaient leur temps à piller les abbayes et à boire dans le crâne de leurs ennemis. Les salles du Musée national (p. 34) consacrées à la préhistoire du Danemark tordent le cou à ces mythes et dessinent une réalité infiniment plus nuancée de l'ère viking qui a duré du VIIIe au XIe s.

L'EXPANSION DANOISE

En fait, les Vikings étaient des commerçants rompus aux affaires, qui savaient négocier l'ambre et la fourrure et ont fondé des cités florissantes dans le nord de l'Europe. Certes, ils avaient le goût du risque et l'épée facile, il leur arrivait de semer la terreur mais ils n'avaient pas le monopole de la cruauté ! À la différence des Vikings « suédois » (qui se sont tournés vers les marchés de l'Est, Novgorod, Kiev, les steppes russes…) et des Vikings « norvégiens » (qui ont cinglé vers le nord de l'Écosse, les Féroé, le Groenland et Terre-Neuve), les Vikings « danois » ont jeté leur dévolu sur la Tamise – à la fin du IXe s., ils contrôlaient déjà tout le Nord-Est anglais ! – et sur l'Empire carolingien. Rouen d'abord puis Paris, qu'ils assiègent en l'an 885 avant de finir par s'établir durablement sur le cours inférieur de la Seine (l'actuelle Normandie) où ils laisseront derrière eux de nombreux noms de lieux et de famille – Angot, Anquetil, Hague, Houlme… – ainsi qu'une centaine de termes, maritimes pour la plupart, comme hauban, hune, quille…

Les Vikings sont de retour !

Beaucoup de Danois se passionnent pour l'épopée de leurs ancêtres : certains poussent même la Viking attitude jusqu'à s'installer dans un village viking pour y vivre comme autrefois ! Les festivals vikings connaissent aussi un grand succès dans tout le pays. Le Vikingeskibsmuseet de Roskilde (p. 88) recrée notamment un marché médiéval avec vente de produits artisanaux (festival mi-août ; www.vikingeskibsmuseet.dk ; 130 Kr). L'occasion de voir coudre une voile à l'ancienne et carder la laine d'un rustique mouton, le *spælsau*.

DES NAVIGATEURS HORS PAIR

Le mot « drakkar », en revanche, est une pure invention française du XIXe s. Les Vikings n'ont jamais appelé *drakkar* leurs bateaux (*dreki* désignait tout au plus la tête de dragon placée à la proue et à la poupe pour défendre les marins des esprits du mal qui se cachent dans les flots). Par ailleurs, ils avaient développé, dès l'an 800, plusieurs types de bateaux très différents, en fonction de l'usage et des eaux : le petit *byrding* utilisé par les fermiers pour vendre leurs produits le long des côtes danoises, le robuste *knarr* en pin, conçu pour naviguer en mer du Nord... Pour les archéologues qui ont réussi

Nationalmuseet

à les dater avec précision (ils hésitent juste entre... mai et juin 1042 !), les épaves découvertes dans le fjord de Roskilde sont une véritable mine de renseignements sur la construction navale (à voir au Vikingeskibsmuseet, p. 88). La main-d'œuvre était déjà ultra-spécialisée : le *stævsmed* était chargé de fabriquer la quille et l'étrave ; le *skibssmed* était responsable de la charpente et des bordés... C'est grâce à ce savoir-faire que les Vikings ont pu, vers l'an mil et sans boussole, fendre les flots jusqu'à Terre-Neuve au terme d'une navigation hauturière de plus de 4 000 km.

DES FORTS CIRCULAIRES

Les Vikings étaient avant tout des hommes d'ordre. La société comportait trois classes : les esclaves, les paysans libres (dont le statut était bien plus enviable que celui des autres paysans d'Europe à la même époque), et les chefs ou roitelets, élus par une assemblée dite *ting*. Les fortifications, érigées en chêne, tourbe et terre selon un plan parfaitement géométrique, témoignent, elles aussi, d'un remarquable sens de l'organisation : on a mis au jour, en 1954, sur le site de Trelleborg, un fort muni d'un rempart circulaire percé de portes aux quatre points cardinaux. Ce camp, qui abritait sans doute des casernes et des ateliers de forgeron, remonte au règne de Harald à la Dent bleue (vers 980). Il est ouvert au public d'avril à fin oct. (Trelleborg, à 90 km S-O de Copenhague par l'E20, sortie n° 40A « Slagelse » ; t.l.j. avr.-mai et sept.-oct. 10h-16h, juin-août 10h-17h ; accès libre, sf pendant le Viking Festival en juillet : 100 Kr).

Kronborg
M/S Museet for Søfart
Kultur Værftet
Helsingør

Frederiksvaerk

Humlebæk **Louisiana**

Hundested

Hillerød

Nivå

Rungsted Øresund

Karen Blixen Museet

Frederikssund

Frilandsmuseet

Sorgenfri **Klampenborg**

Ølstykke-Stenløse

Lyngby Ordrup

Skibby

Ordrupgaard

Nørreport

Copenhague

Aquarium Den Blå Planet

Roskilde

Taastrup

København Lufthavn

Amager **Dragør**

10 km

Voici, à moins de 45 minutes de la Gare centrale, 11 sites pleins de charme, accessibles en train ou en bus, qui réservent des excursions sublimes sur l'Øresund. Du château de Kronborg au nouvel aquarium, vous n'avez qu'à butiner de l'un à l'autre, au gré de vos envies ! (Voir comment s'y rendre p. 194.)

HELSINGØR

Il y a 3 sites à voir à Helsingør, qui vaudront bien le déplacement (voir p. 194) jusqu'à cette petite ville de l'extrémité nord-est du Sjælland.
S-tog Helsingør depuis Copenhague.

❶ KRONBORG★★★

C'est dans ce château que Shakespeare a situé sa tragédie *Hamlet* (1598). Outre son intérêt littéraire, ce superbe bâtiment est inscrit au Patrimoine mondial de l'Unesco pour son architecture Renaissance. Sa situation stratégique, sur la rive ouest du détroit de Sund, permit aux Danois de contrôler l'entrée de la mer Baltique. Une première forteresse médiévale fut construite au XVe s., en renforcement de celle d'Helsingborg (côté suédois du détroit, aujourd'hui disparue). Le remaniement Renaissance eut lieu à la demande du roi Frederik II, entre 1574 et 1585. On déambule aujourd'hui autour des douves, sur les remparts plongeant dans le détroit, puis dans les appartements royaux. La visite se termine dans les souterrains de l'ancienne prison, aussi humides que sombres, dans lesquels se cache l'imposante statue du chevalier Ogier le Danois.

Krongborgvej (Helsingør) ; 10 min de marche depuis le S-tog • ☎ 49 21 30 78 • www.kongeligeslotte.dk • Jan.-mars et nov.-déc.: mar.-dim. 11h-16h ; avr.-mai et oct.: t.l.j. 11h-16h ; juin-sept.: t.l.j. 10h-17h30 ; F. 1er jan., 24-25 et 31 déc. • Représentations d'*Hamlet* : juin-août t.l.j. 10h-17h • Entrée : 90 Kr (juin-août : 140 Kr).

❷ M/S MUSEET FOR SØFART★★★

Musée des Affaires maritimes
Inauguré en 2013 par le cabinet d'architectes BIG (Bjarke Ingels Group), ce musée maritime est construit sous le niveau de la mer, sur le site d'un ancien chantier naval. L'édifice en lui-même mérite le coup d'œil. On ne l'aperçoit qu'à la dernière minute, puisqu'il est enfoui dans les alcôves du dock asséché. Sous nos pieds se dévoilent alors d'immenses parois

Kronborg, Helsingør

Kultur Værftet

❸ KULTUR VÆRFTET★

Ce centre culturel situé sur
le port d'Helsingør, près du
Musée maritime et du château
de Kronborg, est une halte idéale
pour une pause-café au soleil. Des
concerts, pièces de théâtre, films
et performances artistiques y
sont régulièrement programmés.
**Allegade 2 (Helsingør) ; 10 min de
marche depuis le S-tog • ☎ 49 28 36
20 • www.kulturvaerftet.dk • Lun.-ven.
10h-21h, sam.-dim. 10h-16h.**

vitrées qui se mêlent au béton pour
dessiner couloirs et pans inclinés.
À l'intérieur du musée, toutes
les facettes de la vie maritime
sont abordées, de manière très
interactive : de l'influence des
marins dans la culture populaire
avec notamment Popeye et le
tatouage, à la hiérarchie imposée
par le huis clos du navire, en passant
par les instruments de navigation et
les maquettes de vieux gréements.
Une visite réjouissante et ludique.
**Ny Krongborgvej (Helsingør) ;
10 min de marche depuis le S-tog
• ☎ 49 21 06 85 • www.mfs.dk
• Juil.-août : t.l.j. 11h-17h ; sept.-juin :
mar.-sam. 11h-17h ; F. 1ᵉʳ jan., 22-26 et
31 déc. • Entrée : 110 Kr.**

HUMLEBÆK

❹ LOUISIANA★★★

À l'origine (1855), c'était la villa
du « grand veneur de la Cour »
Alexander Brun. Il l'avait baptisée
Louisiana en souvenir de ses trois
femmes qui se prénommaient
toutes les trois Louise (!). Et
voilà qu'en 1958, un mécène
entreprit d'agrandir la propriété
pour y montrer l'art du XXᵉ s.
Aujourd'hui, le musée est doté
d'un parc de sculptures, d'une
boutique design et d'un café.
De part et d'autre de la villa
Louisiana, les architectes
chargés de l'agrandir ont créé,

❺ Pour une pause face à la mer : Louisiana Café

Il a tout pour ravir les visiteurs du musée : un buffet abordable (139 Kr
le midi) et correct... et surtout un panorama de rêve sur l'Øresund, le
détroit qui sépare le Danemark de la Suède.

Louisiana • www.louisiana.dk • Mar.-ven. 11h-21h30, sam.-dim. 11h-17h30.

au fil des ans, trois ailes reliées par des corridors en verre qui desservent les différentes expositions temporaires en ménageant çà et là de jolis points de vue sur le parc.

Deux peintres favoris

Les collections « maison » ne sont visibles qu'en partie mais deux peintres manquent rarement à l'appel : Jorn et Kirkeby. Asger Jorn (1914-1973) était le membre le plus actif d'un groupe expérimental, créé en 1948 et dissous en 1951, qui s'était donné le nom de Cobra (premières lettres de Copenhague, Bruxelles et Amsterdam) et qui revendiquait une grande spontanéité créatrice. Il peignait avec fougue sur toutes sortes de supports (y compris des tableaux d'autres peintres qu'il chinait dans les brocantes !) des visions dégoulinantes de couleurs crues, peuplées de créatures fantomatiques et d'animaux hybrides. Per Kirkeby, né en 1938, est quant à lui resté fidèle à la « vraie » peinture, à une époque où la mode était plutôt au « conceptuel ». Ses grandes toiles, balayées avec énergie de couleurs fortes, gardent la trace de ses études en géologie qui l'ont souvent conduit au Groenland. Elles ne cherchent donc pas à être « comprises » mais à nous plonger dans un univers mystérieux, sensible, un chaos souterrain qui laisse deviner des forêts et des falaises.

La collection de sculptures

C'est l'autre point fort du musée ! Elle comprend des œuvres d'Alexander Calder, Max Ernst, Joan Miró... Certaines occupent

Louisiana

Le Festin de Babette

Parue en 1958 dans le recueil *Anecdotes du destin* (depuis renommé *Le Festin de Babette et autres contes)*, la nouvelle de Karen Blixen « Le Dîner de Babette » est adaptée au cinéma en 1987 par le réalisateur danois Gabriel Axel. Interprété notamment par Stéphane Audran, le film reçoit l'Oscar du Meilleur film en langue étrangère l'année suivante.

l'aile nord (les 13 pièces d'Alberto Giacometti par exemple), d'autres jalonnent le parc, paysagé par Ole et Edith Nørgaard de manière à ce qu'elles interagissent avec la nature environnante. C'est le cas du monumental bronze de Henry Moore, *Figure étendue n° 5* (1963-1964), qui a la mer pour toile de fond. **Gammel Strandvej 13 (Humlebæk). Kystbanen jusqu'à Humlebæk puis 10 min de marche • ☎ 49 19 07 19 • www.louisiana.dk • Mar.-ven. 11h-22h, sam.-dim. 11h-18h ; F. 1ᵉʳ jan., 24-25 et 31 déc. • Entrée : 125 Kr.**

RUNGSTED

❻ KAREN BLIXEN MUSEET★★

Si vous avez aimé le film *Out of Africa* avec Meryl Streep et Robert Redford, visitez le manoir où est née et morte Karen Blixen (p. 45).

Il est tel qu'elle l'avait décoré, avec de très longs rideaux comme le voulait la tradition et des souvenirs du temps où elle avait « une ferme en Afrique, au pied des collines du Ngong » : un coffre de Zanzibar, des armes masaï, le pastel qu'elle avait offert à Denys Finch Hatton... Cette maison réserve une visite émouvante et riche, qui révèle la personnalité iconoclaste et passionnée de l'écrivain. **Strandvej 111 (Rungsted) ; Kystbanen : Rungsted puis 10 min de marche ou bus 388 • ☎ 45 57 10 57 • www.blixen.dk • Juil.-août : lun. 12h-19h, mar.-dim. 10h-17h ; mai-sept. : mar.-dim. 10h-17h ; oct.-avr. : mer.-ven. 13h-16h, sam.-dim. 11h-16h ; F. 1ᵉʳ jan., lun. de Pâques et de Pentecôte, 24-26 et 31 déc. • Entrée : 75 Kr.**

Karen Blixen Museet

KLAMPENBORG

❼ STATION BALNÉAIRE 1930★★

Bienvenue dans « la ville blanche » *(den hvide by)*, la plus radieuse de toutes les stations balnéaires de la côte, prisée par la jeunesse dorée de la Riviera ! Arne Jacobsen y a réalisé entre 1931 et 1937 un chef-d'œuvre du *funkisstil* – la résidence Bellavista en front de mer – ainsi que le théâtre Bellevue et les cabines de plage… Bonne baignade ! **S-tog C ou Kystbanen.**

SORGENFRI

❽ FRILANDSMUSEET★★★

Voici le plus beau musée en plein air de l'architecture rurale danoise. Chaque ferme, étable ou grange a été démontée pièce par pièce dans sa région d'origine et reconstruite ici à l'identique. Quelque 80 constructions rurales présentent un bel aperçu de la façon dont on vivait aux XVIIIe-XIXe s. dans les campagnes danoises, sous la férule d'une noblesse encore puissante.

Algues et bois d'épave

Les régions qui ont maintenu le plus longtemps leurs traditions sont les îles les plus isolées, telle Fanø (no 2) où les « cottages » avaient des murs en briques comme en Frise et des carreaux de céramique hollandaise. Ou Bornholm (no 3), restée danoise après le traité de 1658 : là, les bâtiments de ferme, en torchis chaulé de blanc, se répartissaient autour d'une cour carrée ouverte vers les vergers. À Læsø (no 9), poutres et poteaux étaient en bois d'épave et les toitures en chaume recouvert d'algues.

Le manoir de Fjellerup

Dans le secteur nord du musée se trouve le manoir de Fjellerup (no 25) qui « régnait », à la fin du XVIIIe s., sur 40 fermes et 245 ha de terres de la presqu'île de Djursland (Jutland oriental). Il se compose de longues et robustes granges à pan de bois noir et murs blancs, d'un parc romantique où l'on jouait au croquet et d'une maison de maître badigeonnée de rose, où vivaient les barons Juel de Meilgård. Le hall a été décoré vers 1803 de beaux festons et de paysages en dessus-de-porte.

Un hameau des Féroé

Les constructions no 15-19 qui s'accrochent au flanc est du musée sont nettement plus austères ! Elles viennent de Múli, un hameau de l'île de Borðoy dans l'archipel des Féroé. Jusque dans les années 1940, la famille Olsen avait pour tout logis la ferme basse au toit de tourbe et d'écorces de bouleau : elle travaillait et dormait près du feu, la pièce en pierre étant réservée au maigre bétail. On conservait viandes et poissons dans un cellier extérieur, ouvert aux vents salés de l'Atlantique nord. **Kongevejen 100 (Sorgenfri) ; Bus 184, 194 ou S-tog E jusqu'à Sorgenfri puis 10 min de marche • ☎ 41 20 64 55 • www.natmus.dk • De Pâques à mi-oct. : mar.-dim. 10h-16h (jusqu'à 17h en juil. ; ouv. aussi 2 w.-e. en déc. 10h-16h) • Entrée : 65 Kr.**

CHARLOTTENLUND

❾ ORDRUPGAARD***

Un autre musée : la demeure (1918) où le collectionneur Wilhelm Hansen accrochait ses Cézanne, Hammershøi et Gauguin préférés ! Ils sont toujours là, de part et d'autre du jardin d'hiver, mais la perle se cache dans le parc : il s'agit de la maison du designer Finn Juhl (p. 186 ; sam.-dim. 11h-16h45). **Vilvordevej 110 (Charlottenlund) ; S-tog A ou E jusqu'à Lyngby puis bus 388 (arrêt Vilvordevej) • ☎ 39 64 11 83 • www.ordrupgaard.dk • Le musée est fermé pour travaux ; le parc reste accessible : t.l.j. 8h-18h ; entrée libre.**

ÎLE D'AMAGER

L'île d'Amager (prononcez « amar »), où se trouvent l'aéroport et l'aquarium (ci-contre), possède la plus longue **plage** de la capitale, à 10 min de métro de Kongens Nytorv. La côte est s'y double d'une île artificielle (Amager Strandpark ; accès libre) avec, au sud, un parc (M° Femøren puis 5 min à pied), et au nord, des dunes et des bains (M° Amager Strand puis 5 min à

Dragør

pied, bains *(badeanstalt)* Helgoland : mai-sept. : t.l.j. 10h-18h ; 40 Kr ; gratuit fin juin). Au terminus de la ligne de métro M1 se trouve une **réserve naturelle** (M° Vestamager) de 2 000 ha où l'on peut pratiquer le vélo, la marche et l'observation des oiseaux. À l'ouest de l'île, enfin, **Ørestad**, qui était une friche il y a douze ans encore, est devenu un vaste projet d'urbanisation : à terme, 80 000 Copenhaguois viendront y travailler. Bureaux, penthouses, écoles, espaces culturels tels la Koncert Huset, imaginée par Jean Nouvel (p. 153) y ont vu le jour. **Location de vélos : Friluftshuset ; Granatvej 3-15 • www.naturstyrelsen.dk • Lun.-ven. 9h-15h (17h de déb. juil. à mi-août), sam.-dim. 10h-17h (16h d'oct. à mi-déc. • 30 Kr/j.**

⑩ LE PORT DE DRAGØR★★★

Son dédale de maisons basses aux toits de chaume et tuiles orange est un miracle d'harmonie ! Et son **musée** (Strandlinien 2-4 ; ☎ 32 53 93 07 ; www.museumamager.dk ; mai-sept. : mar.-dim. 12h-16h ; 40 Kr) vous dira tout sur son histoire et celle du village voisin où s'étaient établis vers 1520 des maraîchers des Pays-Bas (Christian II les avait fait venir pour qu'ils fertilisent l'île). Leur influence fut telle qu'ici, la messe se disait encore en hollandais en 1811 ! Bon à savoir : la modeste **plage** de la ville, idéale pour les enfants, a conservé son vieil établissement de bains (*Dragør søbad* ; mai-août : t.l.j. 7h-17h ; 20 Kr). Bus 350S depuis Nørreport ou 35 depuis l'aéroport.

⑪ AQUARIUM DEN BLÅ PLANET★★

Des mers tropicales infestées de piranhas à l'immensité de l'océan où évoluent raies et requins-marteaux, en passant par les eaux nordiques et leurs bancs de harengs, l'aquarium national du Danemark recrée avec magie un univers aquatique somptueux. Mention spéciale pour le « mur » océanique, sorte de paroi géante qui permet d'observer un envoûtant ballet marin. Jacob Fortlingsvej 1 (Kastrup) ; M2 Kastrup ou navette gratuite au départ de plusieurs sites (aéroport notamment)
• ☎ 44 22 22 44 • denblaaplanet.dk
• Lun. 10h-21h, mar.-dim. 10h-17h
• Entrée adulte : 170 Kr, enfant : 95 Kr.

Aquarium Den Blå Planet

Restos, bistrots p. 129 ı Boutiques p. 185

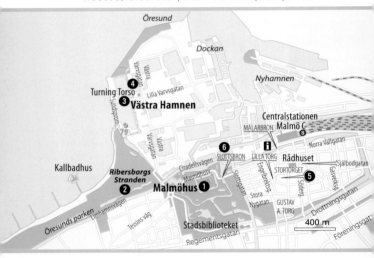

Depuis qu'un superpont relie le Danemark à la Suède, il suffit de 36 minutes top chrono pour se rendre à Malmö, aimable ville de 300 000 habitants - danoise jusqu'en 1658 comme toute la Scanie alentour - qui séduit de plus en plus de Copenhaguois par sa fiscalité, ses prix un brin moins élevés et son urbanisme écolo. Alors faites comme eux : prenez la navette ! (Voir p. 194 les accès en train.)

❶ MALMÖHUS★★

Derrière ses douves et ses briques rouges, le plus vieux château Renaissance de Suède (1537) vous donnera un excellent aperçu de l'histoire de la région. On s'y perd un peu mais rien n'y manque : archéologie, sciences naturelles... Notre coup de cœur ? Le salon de style gustavien, au 1er étage, et la reconstitution d'un intérieur

traditionnel scanien avec lit
clos et coffres en bois peint.
Malmöhusvägen 6 ; Bus n° 3, 7, 8
• ☎ 040 34 44 00 • www.malmo.se/
museer • T.l.j. 10h-17h (sf j. fériés)
• Entrée : 40 SEK.

❷ RIBERSBORGS STRANDEN★★

Marchez le long de Ribersborg
(« Ribban » pour faire court).
C'est un beau ruban de sable,
idéal pour prendre un bain de
pieds dans le Sund. Vous préférez
nager ? Au bout du môle est, le
désuet **Kallbadhus** (1898) dispose
d'un revigorant sauna qui devrait
vous faire oublier la fraîcheur de
l'eau (☎ 040 26 03 66 ; www.
ribersborgskallbadhus.se ; mai-
août : lun.-ven. 9h-20h et jusqu'à
21h le mer., sam.-dim. 9h-18h ;
sept.-avr. : lun.-ven. 10h-19h et

Malmöhus

jusqu'à 20h le mer., sam.-dim.
9h-16h ; entrée : 65 Kr ; hommes
à gauche, femmes à droite).
Bus n° 7.

Ribersborgs Stranden

Västra Hamnen

❸ VÄSTRA HAMNEN★★★

Vous en avez peut-être déjà entendu parler : Västra Hamnen – le « port ouest » – est un formidable exemple de friche industrielle convertie en écoquartier. En 2005, l'architecte espagnol Santiago Calatrava y a construit un gratte-ciel, le Turning Torso, dont les derniers étages sont décalés de 90° par rapport aux premiers. Spectaculaire ! À défaut de pouvoir le visiter (c'est un immeuble d'habitation), baladez-vous tout autour : il y a des maisons sur l'eau, un jardin d'hiver dans une bulle de verre, des toits végétalisés, des capteurs solaires... Le quartier s'ouvre sur un magnifique parc, bordé par le fjord, idyllique !
Bus nº 2 ou 3.

❺ HEDMANSKA GÅRDEN★★

Chaque saison, elle disparaît un peu plus derrière les parasols et les auvents mais la « petite place » *(Lilla torg)* n'en reste

❹ Pour une pause pique-nique : Green Matmarknad

Chez Green, vous devriez trouver de quoi pique-niquer sur les quais ! Cette supérette, située au pied du Turning Torso, joue à fond la carte du bio en se fournissant – autant que possible – auprès des producteurs de la région. Résultat : de l'ultra-frais garanti sans additif à des prix raisonnables.
Västra Varvsgatan 42 ; Bus nº 2, 3 • ☎ 010 330 00 37 • www.greenmatmarknad.se • T.l.j. 9h-21h.

❻ Pour une pause marché couvert : Malmö Saluhall

Que l'on ait envie de boire un chocolat chaud, de manger un sandwich bio ou tout simplement de flâner entre les appétissants étals, le marché de Malmö est l'adresse à retenir. Entre streetfood branchée et fleuristes inspirés, le Saluhall dispose en plus d'une situation de choix, à mi-chemin entre la plage, Västra Hamnen et le centre-ville.

Gibraltargatan 6 • ☎ 40 626 77 30 • www.malmosaluhall.se • Lun.-jeu. 10h-19h, ven. 10h-21h, sam. 10h-17h, dim. 11h-16h.

pas moins l'un des bijoux du vieux Malmö. Particulièrement l'alignement de maisons d'Hedmanska Gården au n° 9, dont les pans de bois du XVIe s. comptent parmi les mieux conservés de Scanie. L'échoppe à gauche sous le porche (Gustus) vend des peaux d'agneau des îles Féroé. Et l'ancien « grenier à blé » au fond de la cour vous ouvre les portes du design suédois (Form Design Center ; www.formdesigncenter.com ; mar.-sam. 11h-17h, dim. 12h-16h ; accès libre). **Lilla torg 9.**

Hedmanska Gården

Restos & bistrots

PAR QUARTIER

Les coups de cœur
DE NOTRE AUTEUR

Pas facile de choisir entre les divins *smørrebrød*, les salades bio croquantes et les brunchs copieux ! Copenhague est une référence en matière de gastronomie et d'inventivité culinaire. Notre auteur a goûté et savouré les spécialités de la capitale, voici ses coups de cœur.

PARTERRE

Les canaux de Christianshavn, un café odorant et des petits plats soignés... On aime cette adresse parfaitement *hyggelig* ! Voir p. 113.

ROYAL SMUSHI CAFE

Savoureux métissage de *smørrebrød* et de sushis, ces « smushis » sont un régal pour les yeux et le palais. Voir p. 33.

Royal Smushi Cafe

WEST MARKET

Une halle couverte qui abrite une multitude de stands alléchants, nous sommes conquis. Voir p. 76.

LLAMA

Ceviche, tacos inventifs et café *con leche* servis à la perfection : notre adresse préférée pour goûter aux saveurs sud-américaines. Voir p. 114.

Warpigs Brewpub

KALASET

Tout le « cool » de Nansengade réuni dans un café aussi chaleureux qu'appétissant. Notre coup de boost du matin ! Voir p. 68.

WARPIGS BREWPUB

Un look indus, des litres de bière, du bon son et des travers de porc barbecue, notre plus belle soirée rock à Copenhague. Voir p. 124.

 À SAVOIR

QUAND MANGER ?

Au Danemark, on déjeune et dîne plus tôt qu'en France : entre 11h30 et 13h30 pour le *frokost*, entre 18h30 et 20h30 pour l'*aftensmad*. Rares sont les restaurants qui servent après 21h30. Il faut donc penser à dîner avant d'aller au spectacle ! En revanche, il vous sera possible de bruncher presque partout entre 10h et 15h30 (voire 16h).

COMBIEN ÇA COÛTE ?

Déjeuner sur le pouce dans un café ou un self revient à 150 Kr (20 €) env. : le prix d'un sandwich correct varie entre 75 et 125 Kr ; celui d'un très bon *smørrebrød* tourne autour de 50 Kr. Le soir, les restaurants ne proposent, bien souvent, que des menus 3 plats, facturés entre 300 et 360 Kr/pers. (40 et 48 €), boissons non comprises. Pour vous en sortir à moindres frais, visez les saladbars ou les formules buffet (Riz Raz p. 111, Sult p. 118...). Le pourboire, lui, n'a rien d'obligatoire : on ne laisse 10 % de la note que si l'on est vraiment satisfait du service. Attention : certains restaurateurs prélèvent une commission sur les paiements effectués par carte de paiement étrangère (ces « frais additionnels » sont mentionnés sur le menu par les phrases *« på udenlandske Kreditkort pålægges et gebyr på 3,75 % »* ou *« Foreign creditcards will be added a fee of 3,75 % »*).

DÎNER CHEZ L'HABITANT

La formule est bien rodée : moyennant 450 Kr (s'inscrire 3 j. à l'avance sur www.meetthedanes.dk), vous pouvez partager le repas d'une famille de Copenhaguois ! Mette Martinussen reçoit elle aussi des hôtes payants dans son appartement situé derrière le Théâtre royal, mais comme elle est chef, le dîner est plus virtuose. Et plus onéreux : 1 095 à 1 495 Kr/pers. Herluf Trolles Gade 9 (1er ét. dr.) ; I7 ; Bus 1A, 26, 66 ou M° Kongens Nytorv ; ☎ 33 93 57 70 ; www.1th.dk, sur résa 3 semaines à l'avance).

SE REPÉRER

Chaque adresse de restaurant est associée à une pastille orange numérotée. Vous retrouverez toutes les adresses positionnées sur le plan détachable.

Restos & bistrots
PAR QUARTIER

Rådhuspladsen et Tivoli (Quartier 1 - p. 22)

OSCAR
Bistrot ① Plan G7

Aux beaux jours, c'est l'une des terrasses les plus agréables du quartier et une adresse très prisée de la communauté gay. La carte est variée (omelettes, salades...), raisonnable (110 Kr le brunch servi t.l.j. 11h-14h) et la vue sur le Vartov, charmante. On vous conseille la salade de saumon fumé aux herbes, tomates, oignons et amandes grillées (99 Kr). À commander directement au comptoir.
Regnbuepladsen 7 ; Bus 10, 12, 26, 33, S-tog Vesterport ou København H • ☎ 33 12 09 99 • Dim.-jeu. 11h-minuit, ven.-sam. 11h-2h • Salade : 99 Kr.

NIMB BRASSERIE
Gastronomique ② Plan G8

L'hôtel Nimb a plusieurs cordes à son arc : un bar, un grill, un restaurant hors de prix et une brasserie plus accessible, qui sert un tartare de bœuf aux câpres (155 Kr) et une salade César au poulet (155 Kr) dans un cadre cosy où Louise Nimb, qui était une cuisinière hors pair, régalait déjà le Tout-Copenhague à la fin du XIXe s.
Bernstorffsgade 5 ; Bus 2A, 5A, 6A, 9A, 10, 26, 40, 66 ou S-tog København H • ☎ 88 70 00 10 • www.nimb.dk • T.l.j.

7h-22h • Menu 3 plats (soir) : 400 Kr • Résa conseillée pour le soir le w.-e. ; accès possible depuis Tivoli (parc d'attractions payant).

HALIFAX BURGERS
Américain ③ Plan H7

Après l'ouverture de son premier restaurant à Nørrebro (Frederiksborggade 35), la petite chaîne de burgers danois a inauguré cette adresse en plein centre-ville. C'est la plus petite et la plus cosy. Fondé par Ulrich et Peter, deux copains de fac – celle d'Halifax au Canada –, le concept est assez simple : des burgers variés, conçus à partir d'ingrédients frais et de saison.

Halifax Burgers

Et ça marche ! En 2017, on compte déjà 7 restaurants dans la capitale ! Larsbjørnsstræde 9 ; Bus 10, 12, 26, 5A, 6A • ☎ 82 30 43 01 • www.halifax.dk • Dim.-jeu. 11h30-22h, ven.-sam. 11h30-23h • Burger : 95-120 Kr.

VOIR AUSSI :

Café Glyptoteket | p. 24
| ④ Plan H8

Lagkagehuset | p. 27
| ⑤ Plan G-H7

Latinerkvarteret et Rundetårn (Quartier 2 - p. 28)

PERCH'S TEA ROOM
Salon de thé ⑥ Plan H7

Juste au-dessus de A. C. Perch's Thehandel, qui fournit les Copenhaguois en darjeeling et en earl grey depuis 1835, la famille Hincheldey a ouvert un salon de thé tout blanc, agrémenté de jolis lustres et de paravents noirs. Un cadre agréable où le thé (il en existe ici 150 variétés !) se sirote dans une tasse en porcelaine Royal Copenhagen, seul ou accompagné de petits fours (155 Kr), de sandwichs (155 Kr) ou de scones (120 Kr). Kronprinsensgade 5 ; Bus 5A, 6A, 11, 14 ou M° Kongens Nytorv • ☎ 33 15 35 62 • www.perchstearoom.dk • Lun.-ven. 11h30-17h30, sam. 11h-19h (et déc. dim. 10h-17h) • Thé : 65-85 Kr.

42° RAW
Végétarien ⑦ Plan H7

Le 42° Raw privilégie les vrais légumes de saison, bannit sucre et colorants, et ne cuit aucun aliment à plus de 42 °C. Résultat : c'est le végétarien le plus sérieux de la vieille ville ! Et le plus épuré : on s'assied sur de simples gradins de bois, face au comptoir où sont préparés, en direct, risotto, nouilles thaï... Comptez 109 Kr pour des lasagnes tomates et pesto et 55 Kr pour un Stockholm, tonique jus de fruits à base de mangue, menthe et carotte. Pilestræde 32 ; Bus 1A, 26 ou M° Kongens Nytorv • ☎ 32 12 32 10 • www.42raw.dk • Lun.-ven. 8h-20h, sam.-dim 9h-18h • Salade : 79-109 Kr.

Perch's Tea Room

42° Raw

agréable café-resto, aux allures de *joint* new-yorkais. Smoothies, milkshakes et autres *avocado sandwiches* sont servis dans la petite salle en contrebas, ou bien à l'étage, sur les canapés. L'été, une agréable terrasse se déploie entre Krystalgade et Fiolstræde.
Fiolstræde 18 ; Bus 1A, 2A, 9A, 26, 37 • ☎ 29 29 75 75 • www.big-apple.dk • Lun.-sam. 9h-18h, dim. 10h-17h • Sandwich : 60 Kr.

BIG APPLE
Sur le pouce ⑧ Plan H7

Les étudiants sont légion dans ce quartier et ils se pressent dans cet

VOIR AUSSI :

La Glace | p. 29 | ⑨ Plan H7

Paludan Bogcafe | p. 30 | ⑩ Plan H7

Amagertorv et Nationalmuseet (Quartier 3 - p. 32)

CAFÉ NORDEN
Brasserie ⑪ Plan H7

Stratégiquement situé sur Amagertorv, le plus grand café de la ville force un peu sur les prix mais offre, depuis le 1er étage (plus calme que le rez-de-chaussée), une belle vue sur la fontaine des Cigognes. Il propose un brunch spécial enfants (servi toute la journée sauf le dim. jusqu'à 14h), avec crêpes et smoothie à la fraise pour 90 Kr. Autres atouts : le pain vient tout droit de la boulangerie d'Illum (p. 163) et les jus de fruits de Søbogaard sont servis frais... ou chauds.
Østergade 61 ; Bus 1A, 2A, 9A, 26, 40, 66 ou M° Kongens Nytorv • ☎ 33 11 77 91 • www.cafenorden.dk • T.l.j. 8h30-

minuit (cuisine : 21h) • Sandwich : 165-170 Kr ; plat chaud : 150-200 Kr.

KAFE KYS
Brasserie ⑫ Plan H7

De prime abord, le Hoppes au n° 11 de la même rue, avec sa salle en balcon et sa cour intérieure, paraît plus animé que le Kys. Mais dans l'assiette, il n'y a pas photo : le cuistot du Kys s'en sort mieux ! Dans la salade de poulet-avocat, les tomates cerises ont le goût des tomates cerises (115 Kr). Et le petit déjeuner est si copieux que l'on peut en commander un pour deux : jambon de Parme, fruits frais, crêpes... (114 Kr).
Læderstræde 7 ; Bus 1A, 2A, 9A, 26, 40, 66 ou M° Kongens Nytorv

Nos meilleurs
BRUNCHS

Inutile d'attendre le dimanche pour démarrer votre journée en douceur : le brunch, à Copenhague, se pratique aussi en semaine ! Et il y en a pour tous les goûts : jardin d'hiver feutré, bow-window face au port... Petite sélection des adresses les plus séduisantes :

CAFÉ GLYPTOTEKET

Œuf poché sous les palmiers. Voir p. 24.

JULIAN

Écoresponsable et délicieux. Voir ci-dessous.

KALASET

Pancakes, smoothies et coolitude. Voir p. 68.

SULT

Pour gourmets cinéphiles. Voir p. 118.

Granola

GRANOLA

Le savoureux parfum des années 1930. Voir p. 120.

KAFE KAPERS

Saumon fumé et tartines beurrées en terrasse. Voir p. 84.

• ☎ 33 93 85 94
• http://kafekys.dk • Lun.-jeu. 9h15-minuit, ven.-sam. 9h15-2h, dim. 10h15-23h ; petit déj. : lun.-sam. 10h-13h, dim. 10h-14h
• Sandwich : 90-120 Kr.

JULIAN
Brasserie　　　⑬ Plan H8

Et pourquoi ne pas déjeuner au 1er étage du Nationalmuseet (p. 34) ? Le cadre est plaisant

et la carte de Julian mise sur
les producteurs locaux. Le jus
de pomme vient des vergers
de Løgismose. Le week-end, le
brunch écoresponsable se déroule
en 2 services (10h et 12h).
Ny Vestergade 10 ; Bus 1A, 2A, 26, 40, 66
• ☎ 33 93 07 60 • www.restaurant
julian.com • Mar.-dim. 11h-16h45 (brunch
le w.-e. : 10h-13h30) • Brunch : 225 Kr.

KROGS
Traditionnel ⑭ Plan H7

Pour un dîner en tête-à-tête dans
le quartier, essayez donc cette
bonne table au service soigné.
Ouvert en 1910, Krogs est l'un
des plus anciens restaurants de
la ville et a été complètement
rénové. Ici, le poisson frais est à
l'honneur, avec des plats raffinés
comme une sole meunière à
l'armoricaine (395 Kr) ou une
soupe de poisson particulièrement
élaborée... Mais attention,
l'addition grimpe vite dans cette
institution de Copenhague !
Gammel Strand 38 ; Bus 1A, 2A, 26,
40, 66 • ☎ 33 15 89 15
• www.krogs.dk • Lun.-sam. 11h30-15h
et 17h30-22h • Menus (le soir) : 2 plats
265 Kr et 3 plats 365 Kr.

CAFÉ KREUZBERG
Cantine branchée ⑮ Plan H7

Nommé d'après le célèbre quartier
de Berlin-Ouest, ce café a su recréer
une ambiance similaire, alternative
et populaire. On y mange bien pour
pas (trop) cher, sur de longues
tablées de bois. L'été, la terrasse

étendue sur Kompagnistræde
est particulièrement attractive.
L'adresse est aussi prisée
pour l'apéro, notamment
pour sa vingtaine de bières,
venues du monde entier.
Kompagnistræde 14 A ; Bus 1A, 2A, 9A,
26, 37 • ☎ 33 93 48 50 • www.
kreuzberg.dk • Lun.-jeu. 8h30-minuit,
ven.-sam. jusqu'à 1h, dim. 11h-18h
• Smørrebrød 69-149 Kr ; burger 79-119 Kr.

RIZ RAZ
Cuisine du monde ⑯ Plan H7

Cette adresse d'un bon rapport
qualité/prix réussit à rapprocher
les cuisines du monde dans une
formule de buffet à volonté :
boulgour, lasagnes, tzatziki,
houmous, falafels, salades
variées, pizzas... Pas mal, non ?
En outre, ce restaurant possède
une agréable terrasse.

Café Kreuzberg

Kompagnistræde 20 • ☎ 33 15 05 75
• www.rizraz.dk • T.l.j. 11h30-minuit ;
f. 1ᵉʳ jan. et 25 déc. • Buffet à volonté :
89 Kr (11h30-16h) ou 99 Kr (16h-minuit).

VOIR AUSSI :

Royal Smushi Cafe | p. 33
| ⑰ Plan H7

Slotsholmen et Christiansborg (Quartier 4 – p. 36)

SØREN K
Traditionnel ⑱ Plan H8

Jens Søndergaard officie au rez-
de-chaussée du spectaculaire
Diamant noir (p. 40) : il s'agit
d'une brasserie scandinave
minimaliste, à l'enseigne du
philosophe danois Søren
Kierkegaard. L'endroit est idéal
pour déguster face au canal un
saumon aux airelles sur pain noir,
avec en dessert une succulente
panna cotta à la rhubarbe
(80 Kr). Un véritable délice !
Søren Kierkegaards Plads 1 ; Bus 66 ou
Havnebus 991/992 • ☎ 33 47 49 49
• www.soerenk.dk • Lun.-sam. 12h-16h
et 17h30-22h • Plats : 120 Kr ; menu :
225 Kr (le midi), 835 Kr (le soir).

VOIR AUSSI :

Øieblikket | p. 40
| ⑲ Plan H8

Christianshavn et Christiania (Quartier 5 – p. 46)

RAVELINEN
Traditionnel ⑳ Plan E4

Ce restaurant (dont le nom,
d'origine française, désignait
autrefois un ouvrage de
fortification en demi-lune)
vaut surtout pour sa vue très
romantique sur les anciennes
douves qui séparent Amager de
Christianshavn. Une suggestion ?
Partagez-vous une assiette froide
(*koldt bord* : 278 Kr). Elle associe
hareng câpres & curry, saumon,
salade de poulet, fromages…
Torvegade 79 ; Bus 2A, 9A, 40, 77, 78
ou Mᵒ Christianshavn • ☎ 32 96 20 45
• www.ravelinen.dk • Avr.-déc. : t.l.j.
11h30-21h • Plats : 238-288 Kr.

Parterre

Nos meilleures tables
GASTRONOMIQUES

Avec 15 restaurants étoilés dont Noma (p. 130), élu 4 fois meilleure table du monde, Copenhague est la capitale gourmande de la Scandinavie. Vous pourrez y tester le nec plus ultra de la *nye nordiske køkken* (p. 130) à base d'ingrédients du terroir. Une nouvelle cuisine si subtile qu'on en perdrait presque le Nord ! Nos préférés :

SØREN K

Délices traditionnels au pied du Diamant noir. Voir ci-contre.

KANALEN

Gastro les pieds dans l'eau. Voir ci-dessous.

CARNE FAMO

L'Italie version danoise. Voir p. 120.

GERANIUM

Pour savourer chacune des trois étoiles ! Voir p. 130.

RELÆ

Une adresse toquée, aussi simple que raffinée. Voir p. 127.

KIIN KIIN

La Thaïlande sublimée. Voir p. 126.

PARTERRE
Café *hyggelig* ㉑ Plan E4

Coup de cœur pour ce petit café situé au bord du canal, dont la terrasse s'étale sur les pavés. Les sandwichs y sont excellents et bon marché, les pâtisseries maison et le café bien servi. Bref, c'est le spot idéal pour se mêler aux locaux, qui ne s'y trompent pas. En revanche, si vous êtes pressé, passez votre tour, ici, on prend son temps...
Overgaden Oven Vandet 90, M° Christianshavn • Lun.-ven. 7h-17h, sam.-dim. 8h-17h • Petit déj. : 100 Kr.

KANALEN
Gastronomique ㉒ Plan I8

Au bord du Wilders Kanal se trouve un agréable restaurant, très couru mais onéreux. La solution pour ne pas se ruiner ? Décidez d'y déjeuner hors saison et renoncez aux vins. La carte comporte plusieurs plats à partir de 100 Kr, comme l'assiette de hareng *(sildetallerken)*.
Wilders Plads 2 ; Bus 2A, 9A, 40 ou M° Christianshavn • ☎ 32 95 13 30 • www.restaurant-kanalen.dk • Lun.-sam. 11h30-minuit • Menu du midi : 300 Kr ; dîner (3 plats) : 400 Kr.

SWEET TREAT CAFÉ
Café *hyggelig* Plan I8

Christianshavn a décidément le chic pour nous enchanter de ses petits cafés charmants. À l'instar des rues environnantes, Sweet Treat invite à la détente et au bien-être. Délicieux café, pâtisseries colorées, salades de fruits frais et une déco *hyggelig* (p. 150) à souhait, avec tapis molletonnés et bouquets de fleurs champêtres.
Sankt Annæ Gade 1B ; M° Christianshavn
• **☎ 32 95 41 15 • www.sweettreat.dk**
• **Lun.-ven. 7h30-18h, sam.-dim. 10h-17h**
• **Pâtisseries : 39-69 Kr.**

VOIR AUSSI :

Café Oven Vande | p. 47
| ㉔ Plan I8

De Kongens Nytorv à Nyhavn (Quartier 6 - p. 50)

KÖD
Viande ㉕ Plan H7

Köd signifie « viande » en danois. Tout est dans le nom. Ici, on se délecte d'un chateaubriand danois de 450 g (tout de même) ou d'un sirloin wagyu australien parfaitement grillé, tous deux accompagnés de sauces maison. Pour les amateurs, le tartare avec frites et légumes est un délice. Les plats sont impeccablement présentés et l'atmosphère, à la bougie le soir, est intime et distinguée. Une belle adresse.
Admiralgade 25 ; M° Kongens Nytorv
• **☎ 69 15 15 19 • www.restaurantkoed.dk**
• **T.l.j. 17h-21h, jusqu'à 22h jeu.-sam.**
• **Steak : 235-595 Kr.**

LLAMA
Sud-américain ㉖ Plan I7

Ce restaurant de la chaîne Cofoco met à l'honneur la cuisine sud-américaine. On apprécie la superbe déco, composée d'azulejos couvrant sols et murs, et l'atmosphère branchée et détendue qui règne dans le restaurant. À table, on hésite entre le *ceviche* de coquilles St-Jacques au concombre et *jalapeño* (115 Kr) et la côte de porc sauce ananas (225 Kr). Pour ne pas avoir à choisir, optez pour le menu dégustation, qui déploie toute l'inventivité du chef et se conclut par un *cafe con leche* amélioré.
Lille Kongensgade 14 ; M° Kongens Nytorv • ☎ 89 93 66 97 • www.llama restaurant.dk • T.l.j. 17h30-22h (bar : minuit) • Menu dégustation : 395 Kr.

GEIST
Gastronomique ㉗ Plan I7

On dit de Bo Bech qu'il est le Gordon Ramsay de la télé danoise (son émission *Med kniv for struben* – « le couteau sous la gorge » – rappelle assez *Cauchemar en cuisine*) mais c'est avant toute chose un chef talentueux qui a bien su saisir l'air du temps. Chou noir, œuf sur le plat et oseille (110 Kr)

et rhubarbe à l'hibiscus (95 Kr) :
ses compositions sont toutes aussi
originales que graphiques. L'entrée
du restaurant s'effectue par la cour.
**Kongens Nytorv 8 ; Bus 1A, 26 ou
M° Kongens Nytorv • ☎ 33 13 37 13
• www.restaurantgeist.dk • T.l.j. 8h-1h**

• **Entrée ou dessert : 75-125 Kr ; plat :
125-275 Kr.**

VOIR AUSSI :

Pizza Huset | p. 51
| ㉘ Plan H-16

Amalienborg, la Petite Sirène et le port (Quartier 7 – p. 54)

RESTAURANT M
Smørrebrød   ㉙ Plan I6

La spécialité de ce restaurant ?
Le *smørrebrød*. Il est décliné ici
en vingt-cinq variantes sur pain
de seigle *(rugbrød)* et sur pain
de mie *(franskbrød)*. Anguille
fumée et œuf brouillé, hareng
de Christiansø ou pâté de foie
au bacon et aux champignons : il

Geist

vous suffit de cocher la case de
votre choix. Devant une offre aussi
vaste, vous n'arrivez pas à vous
décider ? Optez pour l'assortiment
à 195 Kr (« M-platte ») ! De toute
façon, ils sont tous excellents.
**Store Kongensgade 56 ; Bus 1A, 26
• ☎ 22 79 36 38 • www.restaurant-m.dk
• Lun.-sam. 11h30-16h30 ; en nov.-déc. :
ouv. aussi le soir • *Smørrebrød* :
65-125 Kr.**

SALT
Gastronomique   ㉚ Plan I6

Aménagé dans un entrepôt de 1787
où l'on déchargeait, entre autres,
des sacs de sel (d'où le nom…),
Salt est un restaurant élégant et
stylé : le décor mêle habilement
poutres rustiques en pin de
Poméranie et mobilier design
signé Terence Conran ; la cuisine
se veut mi-scandinave mi-italienne,
avec notamment un plateau de
fromages européens à 135 Kr avec
noix, miel et pain de seigle…
**Toldbodgade 24-28 ; Bus 1A, 66 ou
Havnebus 991/992 • ☎ 33 74 14 14
• www.saltrestaurant.dk • T.l.j. 12h-16h
et 17h-22h (bar jusqu'à 1h) • Menu
dégustation : 395 Kr et 445 Kr.**

Nos meilleures adresses
DE *SMØRREBRØD*

Expérience danoise par excellence, le *smørrebrød* (voir p. 131) a aussi ses chefs ! Certains en font de vraies œuvres d'art, d'autres en inventent d'exotiques : tartare d'anguille et saumon chaud au gingembre et wakame... Voici nos favoris :

PALÆGADE

Esthétisme gourmet et *akvavit*. Voir ci-contre.

RESTAURANT M

Anguille fumée ou tartare de bœuf ? Voir p. 115.

SANS SOUCI

Brasserie historique et charme désuet. Voir p. 119.

AAMANNS

Smørrebrød raffinés à emporter. Voir ci-contre.

Palægade

CAFÉ PETERSBORG
Traditionnel　　㉛ Plan E3

Ici aussi, on sert des assortiments de *smørrebrød* (la *Petersborg platte* à 169 Kr) mais le cadre, désuet à souhait, est radicalement différent : ce caveau lambrissé était autrefois le QG des marins russes qui faisaient escale à Copenhague. Et aujourd'hui encore, ça tangue autant que dans la cabine d'un chalutier, surtout lors du traditionnel déjeuner de Noël *(julebord)* arrosé à l'*akvavit*.

Bredgade 76 ; Bus 1A ou Havnebus
991/992 • ☎ 33 12 50 16
• www.cafe-petersborg.dk • Lun.-ven.
11h45-16h et 17h-21h (sauf lun.),
sam. 11h45-16h • Plat : 108-198 Kr.

PALÆGADE
Traditionnel ③② Plan I6

Si vous voulez goûter à la cuisine
danoise traditionnelle, c'est
ici qu'il faut vous attabler.
Le midi, Palægade sert une série
de *smørrebrød* aussi délicieux
qu'esthétiques, accompagnés

de bière ou d'*akvavit* locaux.
Le soir, la carte présente
des plats élaborés, comme
la lotte farcie aux morilles
ou le canard nappé de sauce
à la framboise. Le tout servi
avec gentillesse et efficacité.
Palægade 8 • ☎ 70 82 82 88
• www.palaegade.dk • Lun.-sam. 11h30-
15h, mar.-sam. 18h-21h30
• Menu 3 plats (soir) : 450 Kr.

VOIR AUSSI :

Mormors | p. 56 | ③③ Plan I6

Rosenborg (Quartier 8 – p. 60)

ORANGERIET
Traditionnel ③④ Plan H6

L'ancienne orangerie à la lisière
du jardin du Roi *(Kongens Have)*
est l'une des adresses les plus
charmantes du quartier. Du
plancher aux baies vitrées, tout
y est exquis, même la desserte
qui a pour poignées... des
fourchettes ! Le chef, Jasper
Kure, enchante les papilles avec
un délicieux tartare de veau à
la betterave, au raifort et jaune
d'œuf, ainsi qu'une renversante
tarte au citron meringuée. Le
service est ultra-compétent.
Kronprinsessegade 13 ; Bus 1A, 26
• ☎ 33 11 13 07 • www.restaurant-
orangeriet.dk • Lun.-sam. 11h30-15h
et 18h-22h, dim. 12h-16h (pour
smørrebrød et pâtisseries)
• *Smørrebrød* : 85 Kr ; menu 3 plats :
295 Kr (midi), 395 Kr (soir).

AAMANNS
Smørrebrød ③⑤ Plan D2

Il n'y a, dans le *smørrebrødsdeli*
d'Aamanns, qu'une douzaine
de tartines au menu mais leur
raffinement leur a valu d'être élues
les « meilleures de l'année » en
2008. Dès lors, leur excellente
réputation n'a jamais faibli. Que
vous optiez pour le pain de seigle au

Orangeriet

saumon fumé, les carottes au sureau et cresson, ou la crème de noisette au fromage bleu, sans oublier les commandes se font au comptoir. Il est possible d'emporter les *smørrebrød* ou de les savourer sur place avec un *snaps* maison (45 Kr les 3 cl).
Øster Farimagsgade 12 ; Bus 6A, 14, 40, 42 • ☎ 35 55 33 10 • www.aamanns.dk • Lun.-mar. 12h-16h, mer.-ven. 12h-16h et 18h-23h, sam. 11h30-16h et 18h-23h, dim. 11h30-16h ; f. entre Noël et le jour de l'An • Smørrebrød : de 115 à 135 Kr.

SULT
Cantine branchée ㊱ Plan H6

Les cinéphiles le connaissent bien : c'est la « cantine » du Danske Filminstitut (p. 136), une salle spacieuse qui assure, le week-end, un brunch en trois services (le premier à 9h30, 9h45, 10h, le deuxième à 11h45, 12h, 12h15, le troisième après 14h ; 225 Kr, sur réservation). Il y a aussi des grillades au menu et de généreuses salades, comme celle au saumon fumé, joliment troussé sur son lit d'aneth et de petits radis. Bières de la Nørrebro *bryghus* (55 Kr) et vins français au verre (50 à 55 Kr).
Vognmagergade 8B ; Bus 6A, 42 • ☎ 33 74 34 17 • www.restaurantsult.dk • Mar.-dim. 10h-22h ; déjeuner : 12h-16h ; dîner : 17h-22h ; brunch : sam.-dim. 9h30-16h • Assiette tapas : 145 Kr ; plats : 155-225 Kr.

VOIR AUSSI :

Depanneur | p. 63 | ㊲ Plan D2

Torvehallerne et Nansensgade (Quartier 9 – p. 66)

SLURP RAMEN JOINT
Japonais ㊳ Plan G6

On trouve ici des *ramen* revisités à emporter (farce porc, huîtres), ainsi que de délicieuses entrées comme les *gyoza* et les *edamame*. Idéal pour dîner rapidement et sainement.

Nansensgade 90 ; M° Nørreport • ☎ 53 70 80 83 • www.slurpramen.dk • Mar.-sam. 17h-22h • Ramen : 135 kr.

VOIR AUSSI :

Kalaset | p. 68 | ㊴ Plan G6
Bankeråt | p. 69 | ㊵ Plan G6

Frederiksberg et la brasserie Carlsberg (Quartier 10 – p. 70)

IS À BELLA
Glacier ㊶ Plan A3

Il y a deux bons glaciers italiens à la lisière de Vesterbro et Frederiksberg : Siciliansk Is (Skydebanegade 3 – C5) et Is à bella, qui fait des miracles avec sa bonne vieille machine Carpigiani. Selon la saison, vous pourrez tester leurs sorbets réglisse *(lakrids)*, figues caramélisées,

Is à bella

menthe blanche, orange sanguine
(*blodappelsin*)... Et toute l'année
des glaces sans gluten ni lactose.
Smallegade 40 ; Bus 9A, 31, 72 ou
Mᵒ Fasanvej • www.isabellais.dk • Toute
l'année quand le temps le permet.

SANS SOUCI
Smørrebrød ㊷ Plan B4

Une brasserie version danoise :
une belle variété de *smørrebrød*
(le « saumon, avocat et œuf
poché » est un délice), un steak
tartare, un plateau de fromages
français et danois. L'histoire
du Sans Souci remonte à la fin
du XVIIIᵉ s., lorsque l'ingénieur
J.M. Quist construisit sa maison
de campagne à l'emplacement de
l'actuel restaurant. Depuis, la ville
a changé et le bâtiment n'existe
plus, mais une atmosphère désuète
plane toujours sur ces lieux.

Madvigs Alle 15 ; Bus 3A, 9A, 31 71
• ☎ 33 21 74 63 • www.sanssouci.dk
• Lun.-sam. 11h30-16h30 et 17h30-21h30
(bar ouvert jusqu'à minuit)
• *Smørrebrød* : 78 à 168 Kr.

IPSEN & CO
Sur le pouce ㊸ Plan B4

Un joli café à l'esprit scandinave,
tout de bois vêtu, dans lequel on
retrouve l'élégance du quartier
de Frederiksberg. La plupart
des produits sont bio et tous les
plats sont préparés sur place.
Commencer la journée chez Ipsen,
par un petit déjeuner
complet et savoureux, fait partie
des petits bonheurs de la vie
copenhaguoise. C'est aussi une

Ipsen & Co

halte idéale entre deux visites,
pour un déjeuner léger.
**Gammel Kongevej 108 ; Bus 3A, 9A, 31,
71 • ☎ 32 14 55 27 • www.ipsenogco.dk
• T.l.j. 8h-18h • Sandwich : 79 Kr.**

VOIR AUSSI :

**Meyers Deli ı p. 73 ı ㊹ Plan
B-C4**

Vesterbro et Kødbyen (Quartier 11 – p. 74)

CARNE FAMO
Italien ㊺ Plan C4

Administrativement parlant,
vous êtes ici à Vesterbro (le
trottoir d'en face, lui, dépend
de Frederiksberg) mais
gastronomiquement parlant,
vous êtes déjà... en Italie car
Fabbio Mazzon et Morten Kaltoft -
Famo - importent tout de là-bas :
jambon, fromage, vin, melon...
Une succulente *osteria* à des
prix danois. *Buon appetito !*
**Gammel Kongevej 51 ; Bus 6A, 9A, 26,
31 ou Mº Forum • ☎ 33 22 22 50
• www.famo.dk • T.l.j. 18h-minuit
(cuisine : 22h) • Plats : 110-175 Kr ;
menu 4 plats : 350 Kr.**

LES TROIS COCHONS
Français ㊻ Plan C4

Voici un bistrot convivial et
francophile, carrelé en noir
et blanc, éclairé le soir à la seule
bougie, et où le client n'a pas
son mot à dire : pour les entrées
ainsi que les desserts, c'est le
chef qui choisit pour lui, selon
son humeur et les produits
qu'il a rapportés du marché !
Laissez-vous surprendre,
c'est toujours excellent !

**Værnedamsvej 10 ; Bus 6A, 9A, 26, 31
• ☎ 33 31 70 55 • www.cofoco.dk
• Déj. : lun.-sam. 12h-14h30 ; dîner : t.l.j.
18h-minuit • Menu du soir (3 plats) :
295 Kr.**

MADKLUBBEN
Cantine branchée ㊼ Plan C4

Cette grande « cantine », qui a le
mérite d'être ouverte le dimanche,
vaut surtout pour son ambiance
- jeune et urbaine - et ses prix
corrects... à condition, bien sûr, de
s'en tenir aux standards du menu :
pour plusieurs plats, comme le
dagens fisk (poisson du jour), il faut
s'acquitter d'un supplément. Bondé
les vendredis et samedis soir.
**Vesterbrogade 62 ; Bus 6A, 9A, 26, 31
• ☎ 38 41 41 43 • www.madklubben.
dk • T.l.j. 17h30-minuit (cuisine : 22h)
• Menu 3 plats : 200 Kr.**

GRANOLA
Café *hyggelig* ㊽ Plan C4

C'est un vrai régal de s'attarder
dans le café si *hyggelig* (p. 150) de
Leif Thingtved : la déco, chinée en
France ainsi qu'à Londres, fleure
bon les années 1930. L'adresse
est très célèbre pour son petit
déjeuner (175 Kr), mais il y a foule

et on ne peut pas réserver. Essayez plutôt le déjeuner, c'est tout aussi bon et bien plus paisible ! **Værnedamsvej 5 ; Bus 6A, 9A, 26, 31 • ☎ 31 31 15 36 • www.granola.dk • Lun.-ven. 7h-minuit, sam. 9h-minuit, dim. 9h-16h • Plats : 145-220 Kr ; menu 3 plats : 325 Kr.**

cri. Le point fort ? Le petit déj' dit *morgenbuffet*, avec croissant et thé vert à la rhubarbe ! **Istedgade 130 ; Bus 10, 14 • ☎ 33 25 53 18 • blog.bangogjensen.dk • Lun.-ven. 7h30-2h, sam. 10h-2h, dim. 10h-minuit (cuisine : 22h) • Petit déj. : 110 Kr ; croque-monsieur : 79 Kr.**

BANG & JENSEN
Brasserie ㊾ Plan C5

Quand deux rockers sur le retour transforment (en 1993) en bar-resto une ancienne pharmacie de Vesterbro, ça donne le « B&J » : un lieu informel et cool – en ce moment, il y a des portraits de marins pêcheurs sur le mur ! – où l'on refait le monde autour d'un *chili con carne* tout en surfant sur son laptop dernier

BYENS BOGCAFÉ
Café-librairie ㊿ Plan C5

À l'origine de cet adorable café-librairie, une maison d'édition fondée en 2009 et dédiée à la littérature moderne de Copenhague. À découvrir sur les étagères, en buvant un *latte* (servi par un éditeur ou un écrivain), poésie, romans noirs, polars et autres nouvelles. En plus du café, Byens vend ses livres dans

Granola

des librairies mobiles, tractées par... des vélos, bien sûr !
Istedgade 102 ; Bus 10, 14 • www. byensforlag.dk • Lun.-ven. 8h-18h, sam.-dim. 9h30-17h • Café : 25 Kr ; petit déj. léger : 60 Kr.

CHICKS BY CHICKS
Poulet
51 Plan C4

Amateur de poulet, *this is the place!* Bio, rôti à la perfection, il est servi en portions (quart, demi, wings), accompagnées de délicieuses sauces maison (citron-yaourt, chili-mayo) et de salades fraîches et goûteuses – on vous conseille la Blond Chick au chou croquant. La déco ajoute une touche trendy à l'établissement, qui aurait toutefois mérité un service un tantinet plus sympathique. Une bonne adresse au demeurant.

Chicks by Chicks

Vesterbrogade 55 ; Bus 6A • ☎ 88 13 39 16 • www.chicksbychicks.dk • Dim.-mar. 12h-21h, mer.-sam. 12h-22h • Demi-poulet : 109 Kr.

KAFFE
Café *hyggelig*
52 Plan C5

Vous recherchez une halte paisible et originale pendant votre balade ? Foncez à cette adresse sympathique, décorée et meublée de bric et de broc et gérée par une association. Le café est à tomber et l'ambiance chaleureuse. Sans oublier les cocktails de fruits frais, qui changent régulièrement.
Istedgade 90 ; Bus 10, 14 • ☎ 28 34 58 97 • Lun.-ven. 9h-22h, sam.-dim. 9h-22h • Jus de fruits : 38 Kr.

APROPOS
Bistrot
53 Plan C4

Avec sa large terrasse, sa déco à la fois chaleureuse et design, et sa sélection de petits plats qui vont droit au but sans trop forcer sur la note, l'Apropos est le plus convaincant de tous les cafés qui ont fleuri derrière la Gare centrale. Vous pouvez tester le menu 2 plats (249 Kr) ou, le week-end, le brunch (9h30-14h – 149 Kr) qui propose un choix assez vaste et original : chorizo, fromage fumé, rillettes de saumon, yaourt grec...
Halmtorvet 12 ; Bus 10, 14 ou S-tog København H • ☎ 33 23 12 21 • www.cafeapropos.dk • Dim.-jeu. 9h-minuit, ven.-sam. 9h-1h • Pâtes et risotto : 139-159 Kr ; steak : à partir de 199 Kr.

NBH NEIGHBOURHOOD
Pizzas bio 54 Plan C4

Le concept : des pizzas bio arrosées de cocktails maison - tout est à 90 % bio -, à déguster et siroter sur de grandes tablées conviviales. Neighbourhood (quartier) porte bien son nom : ici, on croise une foultitude de locaux et habitués. Si vous voulez humer l'air de Vesterbro, c'est l'endroit idéal !

Istedgade 27 ; Bus 10, 14
• ☎ 32 12 22 12 • www.neighbourhood.dk • Lun.-mer. 17h-23h, jeu. 17h-1h, ven. 17h-2h, sam. 10h-2h, dim. 10h-23h
• Pizza : 145 Kr.

FISKE BAR
Poissons et fruits de mer
55 Plan C5

Un mot d'ordre : fraîcheur ! Poissons, coquillages et crustacés proviennent des mers alentour et enchantent nos assiettes. D'autant que les plats sont présentés avec le plus grand soin, dans une atmosphère détendue et conviviale. Certes, c'est un peu cher et l'ambiance bruyante évoque légèrement la criée, mais on apprécie les lieux pour le service et le cadre décalé de Kødbyen.

Flæsketorvet 100 ; Bus 10, 14
• ☎ 32 15 56 56 • www.fiskebaren.dk
• Lun.-jeu. 17h30-minuit, ven. 17h30-2h, sam. 11h30-2h, dim. 11h30-minuit • Plat de poisson : 250-275 Kr ; menu 7 plats : 700 Kr.

MOTHER
Italien branché
56 Plan C5

Ce soir, on dîne chez la « mamma » ! Mother fait la part belle aux pizzas (quasiment toutes bio), préparées au milieu du restaurant dans la cuisine ouverte. Les cuisiniers s'affairent, entre les murs carrelés et les anciennes portes de frigo, qui rappellent que l'endroit était autrefois un marché de viande (kødbyen). C'est avant tout pour l'ambiance que l'on va chez

Mother, qui attire une population branchée et cosmopolite.
Høkerboderne 9 ; 14 • ☎ 22 27 58 98 • www.mother.dk • T.l.j. 11h-23h • Pizza : 75-155 Kr.

WARPIGS BREWPUB
Barbecue et bières 57 Plan C5

De longues tables de bois accueillent les gourmands de Vesterbro, venus goûter des viandes cuites au barbecue dans la plus pure tradition texane (fumées et épicées), arrosées de bière danoise. Le spot cool à ne pas manquer dans Kødbyen – et en plus ils passent de la bonne musique !
Flæsketorvet 25-37 ; Bus 10, 14 • ☎ 43 48 48 48 • www.warpigs.dk • Lun.-jeu. 11h30-minuit, ven.-sam. 11h-2h, dim. 11h-23h • Ribs et poulet : 65-300 Kr.

MAD & KAFFE
Brasserie 58 Plan C5

Que l'on y brunche ou que l'on y déjeune, la carte est appétissante. Une cuisine simple, pas très chère pour les standards copenhaguois et qui satisfait toutes les papilles : burgers, *smørrebrød*, *chili con carne* ou salade, tout est bon !
Søndre Boulevard 68 ; S-tog : Dybbolsbro • www.madogkaffe.dk • T.l.j. 8h30-20h • Petit déj. : 78-148 Kr, burger : 89 Kr.

GORILLA
Cantine branchée 59 Plan C5

Ce restaurant, installé dans une ancienne halle de Kødbyen, exploite avec succès le superbe espace. Les gros tuyaux de métal évoquent l'ancien caractère industriel des lieux, à l'instar des murs carrelés,

Gorilla

mais l'atmosphère est réchauffée par les bougies sur les tables et les lumineuses verrières. Dans les assiettes, une cuisine sophistiquée et plutôt réussie, que l'on déguste sous l'œil d'un immense gorille, peint sur le mur du fond.
Flæsketorvet 63 ; Bus 10, 14 • ☎ 33 33 83 30 • www.restaurantgorilla.dk • Lun.-jeu. 14h30-minuit, ven.-sam. 17h30-2h • Menu : 775 Kr.

VOIR AUSSI :

West Market | p. 76
| ⑥⓪ Plan C4

Pasha Kebab | p. 77
| ⑥① Plan B5

Nørrebro et Assistens Kirkegård (Quartier 12 - p. 78)

SMAG
Sur le pouce   ⑥② Plan C2

Smag signifie « goût » et il faut reconnaître que ces petits plats à emporter sont plutôt savoureux. Inspirée par la nutrition, cette petite chaîne de restauration rapide mise sur des compositions équilibrées et saines, à partir de produits de saison.
Fælledvej 25 (autres adresses : West Market, p. 76 et Torvehallerne, p. 67) ; Bus 3A • ☎ 88 82 70 75 • www.smagnu.dk • T.l.j. 11h-21h • Sandwich : 15-35 Kr, salade : 57-67 Kr.

RITA'S SMØRREBRØD
Smørrebrød   ⑥③ Plan C2

La référence en matière de *smørrebrød* (p. 131) à emporter.

Rita a bien quelques tables, mais vu le succès des lieux, elles sont rarement disponibles. Qu'à cela ne tienne, ce ne sont pas les parcs qui manquent aux alentours pour déguster ces merveilleuses tartines, nappées de crevettes, harengs et autres tartares de bœuf. Allez-y vers 11h-11h30 car les rayons sont rapidement dévalisés !
Fælledvej 11 ; Bus 3A • ☎ 35 37 01 70 • www.ritas.dk • Lun.-ven. 7h-14h • *Smørrebrød* : à partir de 30 Kr.

SUNDSULT
Saladbar méditerranéen
⑥④ Plan C2

Sinan Tümtürk a réussi son pari : le concept de *saladbar* méditerranéen fonctionne bien, et le lieu est attrayant et bon marché. Les assiettes sont remplies de saveur et de créativité. Tzatziki, houmous, feuilles de vigne farcies, salade de pastèque ou féta, le prix dépendra du nombre d'ingrédients que vous aurez choisis (42 Kr les 2, 69 Kr les 6). Elmegade 8 ; Bus 3A, 5A • ☎ 35 37 70 25 • www.sundsult.dk • Lun.-sam. 10h-21h, dim. 12h-21h • Sandwich : à partir de 52 Kr ; jus de fruits : 42 Kr.

THE LAUNDROMAT CAFE
Cantine branchée ⑥⑤ Plan C2

Dans le genre original et décalé, ce café-laverie automatique a tout pour plaire. Pendant que le linge tourne (ou pas) dans la machine, on peut feuilleter des magazines, jouer au backgammon, boire un jus de carottes ou reprendre des forces. Pour le petit déj' et le brunch, il existe deux « programmes » : *clean* avec fruits frais et *dirty* avec bacon et saucisses. Deux autres adresses : Århusgade 38 et Gammel Kongevej 96.

The Laundromat Cafe

Elmegade 15 ; Bus 3A, 5A • ☎ 35 35 26 72 • www.thelaundromatcafe.com • Lun.-ven. 8h-22h, sam.-dim. 9h-23h ; petit déj. : lun.-ven. 8h30-11h30 ; brunch : sam.-dim. 9h-15h • Brunch : 139 Kr ; burger : 105-148 Kr ; salade 98-110 Kr.

CAFÉ 22
Bistrot ⑥⑥ Plan D2

Rien de tel que ce café pour déjeuner face à « l'Étang noir » (*Sortedam*). Au cadre relaxant – quelques tables sur la berge à l'ombre des marronniers – s'ajoute une carte inspirée : salade mozza aux tomates séchées et cœurs d'artichaut, wok végétarien au riz et petits légumes... Une adresse à retenir pour les beaux jours ! Sortedam Dossering 21 ; Bus 3A, 5A • ☎ 35 37 38 27 • www.cafe22.dk • Dim.-mer. 9h-minuit, jeu.-sam. 9h-2h • Soupe : à partir de 95 Kr ; salade : à partir de 95 Kr ; wok : 108-118 Kr.

KIIN KIIN
Gastronomique thaïlandais
⑥⑦ Plan C2

Kiin Kiin (« À table » en thaï) est né de l'association entre deux chefs, l'un thaïlandais, l'autre danois. Cette excellente table étoilée éveille les sens et surprend le palais. Racines de lotus, langoustines au curry rouge, ballotins de poulet coco, la sophistication de la carte est une merveille en soi. Guldbergsgade 21 ; Bus 3A • ☎ 35 35 75 55 • www.kiin.dk • Lun.-sam. 18h-minuit ; F. en juillet • Menu 6 plats : 975 Kr.

Café 22

BEVAR'S
Café *hyggelig* ⑥⑧ Plan C3

Un café-restaurant très prisé des étudiants et des freelance, qui viennent ici poser leurs laptops et profiter d'une ambiance studieuse et décontractée. On s'y installe avec plaisir plusieurs heures, en buvant un excellent café ou un soda bio. De belles planches de charcuterie et fromages (135 Kr) sont à déguster quand vient la faim et, le soir, les tireuses à bières rafraîchissent les travailleurs.
Ravnsborggade 10B ; Bus 3A
• ☎ 50 59 09 93 • www.bevars.dk
• Lun.-mer. 9h30-minuit, jeu. 9h30-2h, ven. 9h30-3h, sam. 10h-3h, dim. 10h-21h30 • *Smørrebrød* : 60 Kr.

PARADIS IS
Glacier ⑥⑨ Plan C2

On compte 12 Paradis Is à Copenhague. Celui-ci est le premier glacier de cette chaîne réputée pour la fraîcheur de ses sorbets (fruits de la Passion, sureau…) et de ses crèmes glacées (stracciatella, caramel au beurre salé…). Vous préférez quelque chose de plus relevé ? Testez la glace « chocolat chili » d'Isobar (Havnegade 51 – I7) !
Sankt Hans Torv 24 ; Bus 3A
• ☎ 35 35 79 09 • www.paradis-is.dk
• Mars-oct. : 12h-20h • Glaces : de 22 Kr (1 boule) à 38 Kr (3 boules).

THE COFFEE COLLECTIVE
Café *hyggelig* ⑦⓪ Plan B2

Le meilleur café de la ville ? Vous le boirez chez Peter, qui achète les grains, Casper, qui est expert en dégustation, et Klaus, champion du monde des *barista* ! Ensemble, ils torréfient un expresso 50 % brésilien, 20 % kényan, 20 % guatémaltèque et 10 % éthiopien, dont vous nous direz des nouvelles ! Un autre must : le café panaméen Hacienda la Esmeralda, aux arômes d'abricot, bergamote, miel et jasmin (vendu une courte période en automne ; 199 Kr les 130 g). Annexe près de la station Nørreport au n° 21 de Frederiksborggade (G6) ainsi qu'au 34B de Godthåbsvej (B3).
Jægersborggade 57 ; Bus 18 • ☎ 60 15 15 25 • www.coffeecollective.dk
• Lun.-ven. 7h-20h, sam.-dim. 8h-19h.

RELÆ
 ⑦① Plan B2

Une adresse étoilée aussi créative que chaleureuse, qui mise sur

des produits écoresponsables et des assortiments minimalistes.
Jægersborggade 41; Bus 18, 66
• ☎ 36 96 66 09
• www.restaurant-relae.dk
• Mar.-jeu. 17h-22h, ven.-sam. 12h30-13h30 et 17h-22h • Menu 4 plats : 475 Kr, 7 plats : 895 Kr.

VOIR AUSSI :

Café Gavlen | p. 79
| Plan C2

Østerbro et Brumleby (Quartier 13 – p. 82)

CAFE PIXIE
Bistrot Plan D1

Si le Cafe Bopa (p. 153) est complet, pas de panique, son voisin dispose lui aussi d'une belle terrasse sur la place Bopa. L'hiver, on s'engouffre à l'intérieur avec plaisir, pour s'asseoir à l'une des jolies tables en bois, illuminées de bougies typiquement *hyggelig* (p. 150). Au menu : croque-madame (125 Kr) et burgers (135 Kr), préparés et servis avec soin.

Løgstørgade 2 ; Bus 1A, 3A • ☎ 39 30 03 05 • www.cafepixie.dk • Lun.-jeu. 8h-minuit, ven. 8h-4h, sam. 10h-4h, dim. 10h-23h • Plats : 55-195 Kr.

EMMERYS
Sur le pouce ⑦ Plan D1

Dans la catégorie « sur le pouce et pas trop cher », il faut impérativement citer les sandwichs, cookies, muffins... des boulangeries Emmerys, ferventes adeptes du 100 % bio et réputées pour leurs cafés, qu'elles torréfient elles-mêmes. Il existe une dizaine d'enseignes Emmerys dans la capitale et celle-ci ne démérite pas : une halte souriante sur la longue Østerbrogade.
Østerbrogade 51; Bus 1A, 3A, 14
• ☎ 51 85 69 96 • www.emmerys.dk
• Lun.-ven. 7h-17h, sam.-dim. 7h-16h
• Sandwich : à partir de 49 Kr ; jus de fruits : 29 Kr.

VOIR AUSSI :

Joe & the Juice | p. 83
| ⑦ Plan D2

Kafe Kapers | p. 84
| ⑦ Plan D1

Café Pixie

Roskilde et son fjord (Visite 14 - p. 86)

VOIR : Snekken | **p. 89** | ⑦ Plan p. 86

Les perles de la côte, d'Helsingør à Dragør (Visite 15 - p. 92)

VOIR : Louisiana Café | **p. 94** | ⑱ Carte p. 92

Malmö, côté Suède (Visite 16 - p. 100)

SALT&BRYGGA
Bistrot écoresponsable ⑲ Plan p. 100

Dans le restaurant écoresponsable que Björn Stenbeck a eu la bonne idée d'ouvrir à deux pas de l'eau, les thés sont triés sur le volet et les cafés issus du commerce équitable. On peut aussi y grignoter en terrasse des asperges sauce hollandaise ou des crevettes à l'aïoli.

Sundspromenaden 7 ; Bus 2, 3
• ☎ 040 611 59 40
• www.saltobrygga.se
• Lun.-ven. 11h30-22h, sam. 12h-22h, dim. 12h-17h • Menu 3 plats (soir) : 425 SEK.

VOIR AUSSI :

Green Matmarknad | **p. 102** | ⑳ Plan p. 100

Malmö Saluhall | **p. 103** | ㉑ Plan p. 100

En dehors des quartiers de visite

CAFE 8-TALLET
Panoramique ㉒ Plan HP par E5

Près du M° Vestamager, à l'orée du parc de Kalvebod, l'architecte Bjarke Ingels a réalisé un « immeuble en 8 » doté, au rez-de-chaussée, d'un café quasiment panoramique. On y sert des menus *smørrebrød* au hareng (125 Kr les deux, 155 Kr les trois le midi) et un copieux brunch à 139 Kr.

Richard Mortensens Vej 81A, Karstrup, M° Vestamager • ☎ 32 62 86 28
• www.timos.dk • Lun.-ven. 11h-22h (cuisine : 21h), sam. 10h-22h (cuisine : 21h), dim. 10h-21h (cuisine : 20h) ; brunch : lun.-ven. 11h-13h, sam.-dim. 10h-15h.

Cuisine boréale

Savoureuse, ultra-saine, la « nouvelle cuisine danoise » est un peu le « régime crétois » de la Scandinavie. Depuis plusieurs années, elle fait une percée remarquée dans les restaurants de Copenhague. Les Danois sont d'ailleurs très fiers de leur gastronomie : selon un récent sondage, 60 % d'entre eux y voient une composante essentielle de leur identité.

RECETTES D'ANTAN

Ça n'a pas toujours été le cas : jusqu'en 1860, les sols du royaume ne fournissaient aux paysans qu'une nourriture très frugale. Les ingrédients se voulaient roboratifs avant tout : boudin noir, orge, chou à l'étuvée... On trouve encore au menu de plusieurs restaurants de la capitale des plats datant de cette époque préindustrielle, comme l'*øllebrød* (bouillie de pain de seigle à la bière) ou la *gule ærter* (soupe aux pois cassés). Les boulettes de viande *(frikadeller)*, le cabillaud au four *(bagt torsk)* et la compote aux fruits rouges *(rødgrød)* – trois autres classiques de la gastronomie nationale – sont plus récents : ils n'ont fait leur apparition qu'à la fin du XIXe s. Au fil du temps, le nombre des repas (cinq autrefois) s'est réduit à trois – un petit déjeuner copieux ; un déjeuner froid constitué d'un ou deux *smørrebrød* ; un dîner chaud vers 18h30 – et le paysage culinaire s'est sensiblement... américanisé, même si beaucoup de ménages restés fidèles au gruau d'avoine *(grød)*, au traditionnel rôti de porc *(flæskesteg)*, et attendent chaque année, avec impatience, l'arrivée des pommes de terre nouvelles de Samsø.

La crème de la crème

La capitale compte à elle seule 15 restaurants toqués. Parmi eux, voici 4 véritables « stars » : **Geranium** (Per Henrik Lings Allé 4, 8 - D1 ; Bus 14 ; ☎ 69 96 00 20 ; www.geranium.dk ; mer.-sam. 12h-15h30 et 18h30-minuit). Pour goûter aux plats 100 % bio du « meilleur chef du monde » Rasmus Kofoed. 3 étoiles ! Menu : 2 000 Kr • **Relæ** (p. 127) • **Kiin Kiin** (p. 126) • Enfin, le célèbre **Noma** (Refshalevej 96 - F3 ; www.noma.dk ; mer.-sam. 12h-16h et 18h-0h30 ; menu : 2 250 Kr hors boissons, menu étudiant : 1 000 Kr ; résa en ligne uniquement), élu 4 fois meilleur restaurant du monde, change de formule et de lieu en 2018, en s'installant dans une « ferme urbaine » près de Christiania. Son menu sera décliné en 3 saisons : Seafood (fruits de mer, févr.-avr.), Vegetables (légumes, mai-sept.) et Game and Forest (viande, oct.-janv.).

INGRÉDIENTS DU TERROIR

Mais une « nouvelle cuisine », baptisée *nye nordiske køkken*, a émergé dans les années 1980, en réaction à la multiplication des fast-foods et aux productions insipides de l'agrobusiness qui – avec 28 millions de cochons (et autant de bacon !) pour 5,5 millions d'habitants – avaient fini par rayer des menus les ingrédients du terroir. **Claus Meyer**, cofondateur du Noma (encadré ci-contre), et d'autres jeunes chefs – **René Redzepi, Erwin Lauterbach** – ont corrigé ce déséquilibre en mettant

Aamanns

à l'honneur des produits locaux, féroïens ou groenlandais, tombés dans l'oubli : huîtres de fjord, mûres des tourbières, baies de la forêt, écrevisses, gélinottes de bruyère... Leur initiative a encouragé le Conseil des ministres à relancer (en 2006) la production d'aliments traditionnels mais n'a été suivie, dans un premier temps, que par les établissements les plus huppés de Copenhague. Aujourd'hui, elle séduit beaucoup les jeunes générations. Et les nutritionnistes : certaines baies seraient riches en antioxydants et les huiles de poisson auraient bien des vertus...

Voir nos adresses p. 105-129.

L'ART DU *SMØRREBRØD*

On ne peut pas le qualifier de « sandwich » car le *smørrebrød* se présente sous la forme d'une seule tranche de pain : c'est plutôt un canapé de 3 à 5 mm d'épaisseur, tartiné d'une fine couche de beurre qui disparaît sous une appétissante garniture *(pålæg)* dont la composition plus ou moins sophistiquée – ici une petite touche de cresson, là une rondelle de radis... – dépend de l'imagination du cuisinier et des ingrédients disponibles. Bien sûr il existe d'innombrables variantes mais il est d'usage de débuter la série par les canapés au poisson, comme le hareng mariné *(marinerede sild)* aux câpres ou aux oignons parsemés de persil, sur pain de seigle noir *(rugbrød)* et accompagné d'un verre d'*akvavit*. Le canapé de pain blanc *(franskbrød)* aux crevettes du Groenland *(rejer)* est un grand classique, de même que le saumon fumé *(røget laks)* rehaussé d'une pointe de moutarde et d'aneth, ou le filet de carrelet frit *(fiskefilet)* à la rémoulade, une sauce à base de moutarde, câpres et cornichons hachés. Le jeu consiste ensuite à enchaîner sur une viande : pâté de foie *(leverpostej)* tiède aux champignons et lamelles de cornichons, ou tranches de porc rôti au chou rouge cuit, pommes et pruneaux...

Bars, clubs & sorties

PAR QUARTIER

Les coups de cœur
DE NOTRE AUTEUR

Que les oiseaux de nuit et autres amateurs de musique se réjouissent, Copenhague est une mine d'or. De Vesterbro à Nørrebro, en passant par Latinerkvarteret, notre auteur s'est rendue dans les bars les plus prisés de la capitale danoise. Voici ses coups de cœur.

MIKKELLER

Le brasseur danois le plus en vogue à Copenhague, connu pour ses bières artisanales, mais aussi pour ses cafés-bars ambiancés qui subliment l'heure de l'apéro. Voir p. 145.

HUSET KBH

Cinq scènes dédiées aux arts vivants, de la danse au théâtre, et un ludo-café sympathique, qui accueille novices et spécialistes dans une ambiance chaleureuse. Voir p. 139.

THE BARKING DOG

L'incarnation du *hyggelig* danois, avec son atmosphère détendue et conviviale, sa douce musique de fond et ses cocktails inventifs. Idéal pour refaire le monde. Voir p. 151.

Toldboden

JAZZHUS MONTMARTRE

Un club de jazz mythique où viennent jouer les plus grands musiciens du moment. Un incontournable pour les amateurs. Voir p. 141.

TOLDBODEN

Rien ne vaut un apéritif sur la terrasse de cet ancien terminal de ferry, face au port de Copenhague, sur fond de musique électro. Le top de la branchitude. Voir p. 142.

SKUESPILHUSET

Un bâtiment sculptural, tourné vers le port, qui accueille les grands classiques du théâtre européen, de Shakespeare à Tchekhov. Voir p. 141.

Mikkeller

À SAVOIR

ON SORT OÙ ?

C'est sur les quais du port intérieur *(Inderhavn)* que vous trouverez les « phares » de la culture classique : Théâtre royal, Opéra... Côté troquets, vous n'aurez que l'embarras du choix. Dans la vieille ville, optez pour les boîtes de jazz et les bistrots coquets de Pisserenden. Du côté des faubourgs de Vesterbro, Nørrebro et Østerbro, visez l'atmosphère branchée et conviviale des bars-cafés qui ouvrent à tous les coins de rue. Pour une ambiance décalée, filez dans les anciens hangars de Kødbyen, l'animation est assurée.

ON S'INFORME OÙ ?

Le journal *The Copenhagen Post*, gratuit dans les hôtels, et sa version en ligne (www.cphpost.dk) recensent en anglais les principales manifestations de la semaine. Pour un listing plus complet, consultez les dépliants *Film/Musik Kalenderen* disponibles à l'office de tourisme. Les jours n'y figurent qu'en danois mais la clé est simple : *ma* = lun., *ti* = mar., *on* = mer., *to* = jeu., *fr* = ven., *lø* = sam., *sø* = dim., *kl.* = h.

RÉSERVER UN SPECTACLE

Les billets peuvent s'acheter :
• **sur Internet :** www.billetlugen.dk (call-center : ☎ 70 26 32 67 ; lun.-jeu. 10h-17h, ven. 10h-15h30 sf j. f.). À régler par carte, à imprimer soi-même.
• **pour le jour même :** directement au guichet (ouvert env. 1 ou 2 h avant le début du spectacle).
• **pour les trois sites du Théâtre royal (Opéra, Gamle Scene et Skuespilhuset) :** résa par tél. (☎ 33 69 69 69) lun.-ven. 9h-16h, sur place (2 h av. le début du spectacle ; voir p. 140 et 141) ou sur Internet (www.kglteater.dk).
• **auprès du Tivoli Billetcenter** (Vesterbrogade 3, à gauche de l'entrée principale - G8 ; S-tog København H ; ☎ 33 15 10 01 ; lun.-jeu. 9h-18h, ven. 9h-21h, sam.-dim. 10h-16h).

SE REPÉRER

Chaque adresse de lieu de sortie est associée à une pastille violette numérotée. Vous retrouverez toutes les adresses positionnées sur le plan détachable.

Bars, clubs & sorties
PAR QUARTIER

Rådhuspladsen et Tivoli (Quartier 1 - p. 22)

PLÆNEN
Concerts rock ① Plan G8

Chaque année, d'avril à septembre, Plænen - la scène en plein air de Tivoli - accueille un demi-million de fans de rock (rien que ça !) pour ses concerts du vendredi soir. Un conseil, donc : venez tôt ! De 19h à 20h, les bières et les sodas sont à 15 Kr et il reste encore un peu de place sur la pelouse pour écouter, à partir de 22h, des artistes comme Tina Dickow et bien d'autres têtes d'affiche de la scène rock danoise, mais aussi internationale ! **Tivoli - Vesterbrogade 3 ; Bus 2A, 5A, 6A, 9A, 12, 14, 26, 40, 66 ou S-tog København H • ☎ 33 15 10 01 • www.fredagsrock.dk • Concerts** gratuits ; accès au parc : 120 à 160 Kr (100 Kr après 19h en été).

MOJO
Club de blues ② Plan H7

Bien sûr, il est exigu et terriblement enfumé (une exception à la loi antitabac nationale) mais ce *bluesbar* est l'un des meilleurs dans sa catégorie. Vous y entendrez des as du ragtime tel le guitariste Paul Banks, et des *bands* talentueux comme le septuor de Thornbjørn Risager, dont la voix rappelle celle de Ray Charles... **Løngangstræde 21C ; Bus 1A, 2A, 9A, 14, 26, 40 • ☎ 33 11 64 53 • www.mojo.dk • Entrée : gratuit-200 Kr (en fonction des groupes).**

Latinerkvarteret et Rundetårn (Quartier 2 - p. 28)

PUMPEHUSET
Concerts rock ③ Plan G7

Cette ancienne station de pompage (1858) a été reconvertie en salle de concerts. Elle a connu ses nuits de gloire dans les années 1990, grâce aux mémorables concerts de grands noms de la musique comme Iggy Pop, Björk et Laibach... et elle a rouvert ses portes en 2011, au grand plaisir des

Pumpehuset

Et si on se faisait une toile ?

Court-métrage ou blockbuster ? Voici les salles les plus chouettes de Copenhague ! Le prix du billet ? De 70 à 85 Kr.

Cinemateket ④ **:** Tous les mois à la cinémathèque du Danske Filmsinstitut, 60 films en version originale sous-titrée en anglais et des séances Danish on a Sunday. Vente de DVD au r.d.c. **Gothersgade 55 (H6); Bus 6A, 42 ou M° Nørreport • ☎ 33 74 34 12 ; www.dfi.dk**

Gloria ⑤ **:** Films primés aux festivals européens. **Rådhuspladsen 59 (G7); Bus 26 • ☎ 33 12 42 92 ; www.gloria.dk**

Grand Teatret ⑥ **:** Une programmation exigeante et, en prime, un café bien agréable. **Mikkel Bryggers Gade 8 (G7); Bus 14, 26 • ☎ 33 15 16 11 ; www.grandteatret.dk**

Empire Bio ⑦ **:** Le temple du film à succès. Les derniers rangs sont dotés de sièges pour deux. **Guldbergsgade 29F (C2) ; Bus 5A, 10, 12, 26, 33 ; ☎ 35 36 00 36 ; www.empirebio.dk**

noctambules du centre-ville, avec, par exemple à l'affiche, Monster Magnet, Blitzen Trapper et une ambiance toujours aussi survoltée. **Studiestræde 52 ; Bus 2A, 5A, 6A, 10, 12, 14, 40, 66 ou S-tog Vesterport • ☎ 33 93 19 60 • www.pumpehuset.dk • Entrée : 100-250 Kr.**

CHARLIE'S BAR
Bar à bière ⑧ Plan H7

Vous n'êtes pas très fan des bières Carlsberg (p. 71) ? Essayez Charlie's ! Ce troquet a le chic pour dénicher des brasseries indépendantes et des bières spéciales en provenance, pour la plupart, du Royaume-Uni (Hook Norton, Ruddles, Black Sheep...). Bonne ambiance. **Pilestræde 33 ; Bus 1A, 26 ou M° Kongens Nytorv • ☎ 51 21 22 89**

• Lun. 14h-minuit, mar. 14h-1h, mer. 12h-1h, jeu.-sam. 12h-2h, dim. 14h-23h.

BYENS KRO
Bar à bière ⑨ Plan H6

Facile à repérer avec sa façade entièrement taguée, cette adresse est une référence en matière de bar à bière à Copenhague. Danoise, tchèque, allemande ou belge, la bière coule à flots (une dizaine de bières à la tireuse et une trentaine en bouteille), dans une ambiance détendue et conviviale. Pour l'anecdote, Byens Kro est installé sur l'emplacement d'une ancienne distillerie du XVIIIe s., une lourde destinée. **Møntergade 8 ; M° Kongens Nytorv • ☎ 33 12 55 89 • www.copenhagen beer.dk • Lun.-mer. 14h-3h, jeu.-sam. 14h-5h.**

Jailhouse CPH

• ☎ 33 15 22 55 • www.jailhousecph.dk
• Dim.-jeu. 15h-2h, ven.-sam. 15h-5h
(mar.-sam. 18h-21h pour le restaurant).

BAR 7
Bar à cocktails ⑪ Plan G7

Pour passer une soirée agréable dans un lounge cosy, on aime bien le « 7 » (*syv* en danois). Les miroirs ont des cadres dorés et les sofas, de petits coussins. Un bar relaxant et inspiré, à l'image des cocktails, qui tournent autour de 100/120 Kr : le *Koldskål* mêle vodka, lait, citron, vanille et blanc d'œuf ; le *Liquorish jewel* panache rhum, réglisse, miel et fraises.
Studiestræde 7 ; Bus 2A, 5A, 6A, 10, 14, Mº Nørreport ou S-tog Vesterport
• ☎ 27 77 77 87 • www.barsyv.com
• Mar. 16h-1h, mer.-jeu. 16h-2h, ven.-sam. 16h-4h, dim. 19h-1h
• Entrée : gratuite en général.

JAILHOUSE CPH
Bar gay ⑩ Plan G7

Des clients derrière les barreaux et des barmen en uniforme de police ? Pas de panique : Jailhouse est juste un bar gay, bon enfant et souvent bondé ! Une fois par mois, une soirée à thème : Prison night, Oktoberfest, Marin en goguette...
Studiestræde 12 ; Bus 2A, 5A, 6A, 10, 14, Mº Nørreport ou S-tog Vesterport

RUBY
Bar à cocktails ⑫ Plan H7

Dans un bel appartement décoré de fauteuils cossus, le virtuose absolu du cocktail concocte chaque soir, depuis 2007, Soave & Suave, Beets me et autres potions magiques. Et comme ce n'est plus un scoop, pour y goûter, il vaut mieux arriver tôt, ou réserver.
Nybrogade 10 ; Bus 1A, 2A, 9A, 26, 40
• ☎ 33 93 12 03 • www.rby.dk • Lun.-sam. 16h-2h, dim. 18h-2h ; f. 1er jan., 24-25 et 31 déc. • Cocktails : 100-120 Kr.

JAZZHOUSE
Club de jazz ⑬ Plan H7

Excellent club où les fans de jazz ont eu l'occasion, par le passé, d'entendre Herbie Hancock, Palle Mikkelborg... Aujourd'hui, on y programme chaque année près de 190 concerts.
Niels Hemmingsens Gade 10 ; Bus 1A, 2A, 9A, 26, 40 ou Mº Kongens Nytorv
• ☎ 33 15 47 00 • www.jazzhouse.dk
• *Natjazz* : ven.-sam. : 21h ; Billets sur place, en ligne (www.billetlugen.dk) ou au ☎ 70 26 32 67 • Env. 130 Kr.

Bastard Café

HUSET KBH
Centre culturel ⑭ Plan H7

Un centre culturel immense, inauguré en 1970, qui présente de nombreux évènements, répartis sur cinq scènes et un cinéma. À voir : des films d'art et d'essai, de la musique live, de la comédie stand-up et même de la danse. Un ludo-café (Bastard Café, ci-contre) permet de boire un verre avant ou après le show. Demandez le programme !
Rådhusstræde 13 ; M° Kongens Nytorv • ☎ 21 51 21 51 • www.huset-kbh.dk • Billets : 100-200 Kr.

BASTARD CAFÉ
Ludo-café ⑮ Plan H7

On traverse une jolie cour pour accéder à ce café un peu spécial, dont les étagères sont recouvertes de jeux de société. Peu importe que vous soyez novices en la matière, des « game gurus » sont là pour vous aider. Une bonne adresse pour une journée pluvieuse. Bastard Café occupe le r.-d.-c. de la salle Huset KBH (ci-contre).
Huset KBH, Rådhusstræde 13 ; M° Kongens Nytorv • ☎ 42 74 66 42 • www.bastardcafe.dk • Dim.-jeu. 12h-minuit, ven.-sam. 12h-2h.

Slotsholmen et Christiansborg (Quartier 4 - p. 36)

DRONNINGESALEN - KB
Classique et opéra ⑯ Plan H8

La KB (Bibliothèque nationale, Den Sorte Diamant, p. 40) a sa propre salle de concerts : la « salle de la

Reine » - un cadre chaleureux, intime, tout en bois d'érable, orné d'un rideau de scène inspiré d'un conte d'Andersen (*La Princesse au petit pois*) - où l'orchestre de la maison (*Diamantensemblet*)

interprète souvent et avec bonheur Haydn, Ravel, Stravinsky...
Søren Kierkegaards Plads 1 ; Bus 66 ou Havnebus 991/992 • ☎ 33 47 47 47 • www.kb.dk • Autour de 200-320 Kr.

HOFTEATRET
Théâtre ⑰ **Plan H8**

Autre scène intéressante : le coquet théâtre de la Cour conçu par Nicolas-Henri Jardin en 1766 et redécoré en rouge cramoisi

à l'époque romantique. C'est aujourd'hui un musée (mar.-dim. 12h-16h) mais on y programme de temps à autre des lectures, des concerts de jazz et des one-man-shows : des extraits du *Voyage souterrain de Niels Klim* de Ludvig Holberg, des contes de H. C. Andersen...
Christiansborg Ridebane 10-18 ; Bus 1A, 2A, 14, 26, 66 ou Havnebus 991/992 • ☎ 33 11 51 76 • www.teatermuseet.dk • Lun.-ven. à 20h, sam.-dim. à 17h • 40 Kr.

Christianshavn et Christiania (Quartier 5 - p. 46)

DEN GRÅ HAL
Concerts ⑱ **Plan F4**

La salle des fêtes de Christiania, aménagée dans l'ancien manège militaire, accueille tous les grands évènements de la « ville libre », du concert de Motörhead au Noël des SDF en passant par les meetings de l'Alliance Verts & Rouges... On y pratique aussi le clubbing caritatif, au profit par exemple des enfants pauvres du Mozambique. Dates des prochaines soirées sur le site Internet.
Refshalevej 2 ; Bus 9A ou Mº Christianshavn • ☎ 32 10 59 56 • www.dengraahal.dk

CAFÉ NEMOLAND
Café-concert ⑲ **Plan E4**

Installé au cœur de Christiania, ce bar animé fait la part belle à la musique (concerts gratuits les dimanches d'été de 18h à 21h30),

mais aussi au vivre ensemble, à la marijuana - Christiania oblige - et à la bière ! Que l'on s'attable à l'intérieur, ou bien sous les pavillons, l'endroit illustre bien le credo de Christiania : ouverture et métissage.
Fabriksområdet 52 ; Bus 9A ou Mº Christianshavn • ☎ 32 95 89 31 • www.nemoland.dk • Oct.-avr. : t.l.j. 11h-minuit, jusqu'à 3h le week-end ; mai-sept. : t.l.j. 10h-1h, jusqu'à 3h le week-end.

LOPPEN
Concerts rock ⑳ **Plan E4**

Vous préférez le rock alternatif, les rythmes lourds et les guitares apocalyptiques ? Essayez Loppen ! C'est plutôt brut de décoffrage et un chouïa grunge, mais dans le genre, ça tient plutôt bien la route (Nirvana y a même fait un crochet !).
Sydområdet 4B ; Bus 9A ou Mº Christianshavn • ☎ 32 57 84 22

• www.loppen.dk • Dim.-jeu. à 20h30, ven.-sam. à 21h, début des concerts vers 22h • De 50 à 200 Kr.

OPERA
Opéra   ㉑ Plan F3

Ses détracteurs ont beau le surnommer « le grille-pain », l'Opéra de Copenhague (Operahus) n'en est pas moins le haut lieu de l'art lyrique en Scandinavie. Bâti par Henning Larsen (2005) dans l'axe de la Marmorkirken (p. 56), il compte 1700 places, 14 étages – décorés entre autres par Per Kirkeby et Olafur Eliasson – et déjà plusieurs chefs-d'œuvre à son actif. À suivre de près : les mises en scène des opéras de Wagner, les compositeurs Poul Ruders et Bo Holten... Operahus Ekvipagemestervej 10 ; Bus 9A, Havnebus 991/992 ou 993 • ☎ 33 69 69 69 • www.kglteater.dk • De 95 à 1250 Kr.

De Kongens Nytorv à Nyhavn (Quartier 6 – p. 50)

HVIIDS VINSTUE
Bar   ㉒ Plan I7

Si vous cherchez une taverne authentique, avec lambris sombre et cuir élimé, arrêtez-vous à l'angle de Lille Kongensgade. L'adresse, ouverte depuis 1723, ne manque pas de cachet. En hiver surtout, lorsque le vent balaie Kongens Nytorv : patineurs et passants s'engouffrent alors chez Hviid pour se réchauffer d'un gløgg ! Notez qu'ici, ce vin chaud aux épices n'est servi qu'à partir du 11 novembre à 11h. Kongens Nytorv 19 ; Bus 1A, 26 ou Mº Kongens Nytorv • ☎ 33 15 10 64 • www.hviidsvinstue.dk • Lun.-jeu. 10h-1h, ven.-sam. 10h-2h, dim. 10h-20h.

K-BAR
Bar à cocktails   ㉓ Plan H7

Bar cool, tamisé et joliment design, situé à deux pas d'Amagertorv et du canal de Slotsholmen. La propriétaire – Kirsten Holm d'où le « K » du K-Bar – aime réinventer les cocktails classiques en ajoutant des ingrédients surprenants : son Black White Russian (100 Kr), par exemple, est agrémenté avec de la réglisse. Ved Stranden 20 ; Bus 1A, 2A, 9A, 26, 40, 66 ou Mº Kongens Nytorv • ☎ 33 91 92 22 • www.k-bar.dk • Lun.-jeu. 16h-1h, ven.-sam. 16h-2h • Cocktails : 95-155 Kr.

1105
Bar à cocktails   ㉔ Plan H7

Derrière ce nom assez banal (« 1105 », c'est juste le code postal du quartier !) se cache un agréable bar à cocktails où officie le talentueux Gromit Eduardsen, qui est réputé pour son très subtil cocktail « gin-cardamome ». La lumière est douce, la déco élégante et la bande-son, plutôt jazz et Motown.

En 2010, le pianiste Niels Lan Doky et le journaliste Rune Bech ont pris l'initiative de la relever de ses cendres. Et c'est une vraie réussite ! Qui sait, vous aurez peut-être l'opportunité d'entendre Till Brönner à la trompette ou Carsten Dahl au piano...
Store Regnegade 19A ; Bus 1A, 26 ou Mº Kongens Nytorv • ☎ 27 90 30 63 • www.jazzhusmontmartre.dk • Jeu.-sam. 17h30-23h30 • De 275 à 385 Kr.

GAMLE SCENE
Ballet ㉖ **Plan I7**

Le Théâtre royal *(Det Kongelige Teater)*, édifié en 1874 par Vilhelm Dahlerup dans le goût Renaissance, est aujourd'hui le « QG » du Ballet royal *(Kongelige Ballet)*, vénérable compagnie, fidèle au plus illustre de ses maîtres, August Bournonville (1805-1879), qui exécute les classiques avec une belle virtuosité et invite chaque saison des chorégraphes étrangers : Angelin Preljocaj, Jiri Kylian...
Kongens Nytorv ; Bus 1A, 26 ou Mº Kongens Nytorv • ☎ 33 69 69 69 • www.kglteater.dk • De 95 à 695 Kr.

K-Bar

Kristen Bernikows Gade 4 ; Bus 1A, 26 ou Mº Kongens Nytorv • ☎ 33 93 11 05 • www.1105.dk • Mer.-jeu. 20h-2h, ven. 16h-2h, sam. 20h-2h • Cocktails : à partir de 120 Kr.

JAZZHUS MONTMARTRE
Club de jazz ㉕ **Plan H6**

C'était, dans les années 1960-1975, l'une des boîtes de jazz les plus mythiques d'Europe du Nord.

SKUESPILHUSET
Théâtre ㉗ **Plan E3**

Le superbe auditorium qu'ont bâti, face au port, en 2008, les architectes Lundgaard & Tranberg voit se succéder – en danois, mais pas toujours – le meilleur de Tchekhov, Ibsen, Shakespeare ou Molière. Le jeu des acteurs est magistral.
Sankt Annæ Plads 36 ; Bus 66, Havnebus 991/992 ou 993 • ☎ 33 69 69 69 • www.kglteater.dk • De 95 à 475 Kr.

Nos meilleurs
CLUBS

Où se trémousse-t-on le mieux dans la capitale? Direction Nørrebro et Vesterbro pour un tour de Copenhague « by night » !

CULTURE BOX
Trois scènes électro en une. Voir ci-contre.

VEGA
L'incontournable des nuits copenhaguoises. Voir p. 147.

RUST
Hip-hop, funk et skateboard. Voir p. 151.

GEFÄHRLICH
Dangereusement cool. Voir p. 149.

TOLDBODEN
Ambiance transat et électro. Voir ci-dessous.

Rust

GRØNNEGÅRDS TEATRET
Théâtre 28 Plan I6

Chaque été, cette compagnie, qui existe depuis plus de trente ans, joue en plein air des pièces de Beaumarchais, Goldoni, Holberg, Marivaux et Molière. Soit dans le jardin du Design Museum Danmark (Bredgade 68 ; p. 57), soit dans le jardin du palais Odd Fellow (Bredgade 28). En danois dans les deux cas, mais Lars Mikkelsen en Tartuffe est épatant

et le jardin ouvre dès 17h30 pour que l'on puisse y pique-niquer avant la représentation !
Bredgade 66 ; Bus 1A • ☎ 33 32 70 23
• www.groennegaard.dk • De 215 à 375 Kr.

TOLDBODEN
Bar-club et terrasse 29 Plan E2

Pour prendre l'apéro dans un transat au bord de l'eau, visez Toldboden aux beaux jours ! Cet ancien terminal de ferry qui fait bar-resto-brunch-grill (ouf !), mais aussi night-club les vendredis et samedis soir, attire les baigneurs et tous les contemplatifs : la vue sur la mer y est imprenable ! Par ailleurs, l'atmosphère y est excellente, n'hésitez donc pas à en profiter. Élu meilleur club de l'année en 2012. **Nordre Toldbod 18-24 ; Havnebus 991/992 • ☎ 33 93 07 60 • www. toldboden.com • Mai-sept. : t.l.j. 10h-22h suivant le temps, ven.-sam. 22h30-2h.**

Toldboden

Rosenborg (Quartier 8 – p. 60)

CULTURE BOX
Électro
30 Plan I6

Tous les DJ qui comptent sur la scène électro – Richie Hawtin alias Plastikman, Laurent Garnier, DJ Kose... – se produisent dans ce club de 350 m² qui dispose de plusieurs espaces répartis sur deux niveaux : la *white box*, ouverte dès 21h, est un bar fumeur réservé au pré-clubbing ; la *black box*, où l'on danse comme dans une rave party, n'ouvre qu'à minuit (bières à partir de 35 Kr) ; la *red box* (cocktails à partir de 80 Kr), ouverte dès 23h, accueille régulièrement les meilleurs DJ de Copenhague. Il serait dommage de manquer une soirée dans ce lieu unique ! **Kronprinsessegade 54A ; Bus 26 • ☎ 33 32 50 50 • www.culture-box. com • Ven.-sam. 21h-5h • Entrée : 80-100 Kr (bière gratuite ven.-sam. 23h-minuit).**

Torvehallerne et Nansensgade (Quartier 9 – p. 66)

BIBENDUM
Bar à vin
31 Plan G6

Quelques tables de récup' et un peu de patine ont suffi à faire de Bibendum un bar à vin convivial, bohème et aussi *afslappet* (« décontracté ») que le quartier. Sur la carte : 150 références, dont le sauvignon blanc de Nouvelle-Zélande et le pinot noir de Santa Barbara. **Nansensgade 45 ; Bus 5A, 40 ou S-tog Nørreport • ☎ 33 33 07 74 • www.bibendum.dk • Lun.-sam. 16h-minuit ; f. généralement durant** les fêtes de fin d'année et les vac. d'été (de mi-juil. à déb. août).

GORKI
Bar   ㉜ Plan G6

Notre coup de cœur de Nansensgade. Avec sa quinzaine de vodkas différentes (toujours renouvelées), ses bières artisanales en provenance des Balkans ou de la Baltique et ses débats politiques mensuels, Gorki est un petit bar aussi *hygge* (p. 150) qu'irrévérencieux. Un bel hommage à l'écrivain russe fondateur du réalisme socialiste Maxime Gorki.

Nansensgade 26 ; M° Nørreport • ☎ 40 56 21 93 • Mar.-ven. 14h-minuit, sam. à partir de 16h.

Frederiksberg et Carlsberg (Quartier 10 - p. 70)

CAFÉ SVEJK
Bar à bière   ㉝ Plan A4

Situé derrière le marché aux puces (*loppemarked*, p. 181) de la mairie de Frederiksberg, ce bar est connu des amateurs de bière qui se pressent au portillon pour trinquer à la brune importée de République tchèque (Bohemia Regent) ou d'Allemagne (Moritz Fiege). L'ambiance est à la fête, en particulier durant les soirées *jam* et les retransmissions de matchs de foot.

Smallegade 31 ; Bus 9A, 31 ou M° Fasanvej • ☎ 38 86 25 60 • www.cafesvejk.dk • Avr.-oct. dim.-lun. 12h-minuit, mar.-mer. 15h-1h, jeu.-sam. 12h-2h.

KELLERDIRK
Café-concert   ㉞ Plan B4

Si vous aimez les impros, consultez le calendrier de ce café situé près du parc de Frederiksberg (p. 72). Il s'est ouvert à toutes sortes de musiques (*mambo night*, *disco magic*, soirées salsa...) mais reste très fidèle au jazz depuis 1996. Les *bands* s'y produisent les vendredis et samedis en général à partir de 23h. Excellente ambiance.

Frederiksberg Allé 102 ; Bus 18, 26 • ☎ 60 12 94 96 • Dim.-jeu. 11h-22h, ven.-sam. 11h-3h • Entrée : 90-110 Kr (en fonction des groupes) ; Bière : à partir de 35 Kr ; bourbon/coca : 60 Kr ; Vestiaire : 10 Kr • Interdit aux moins de 18 ans.

DANSEHALLERNE
Ballet   ㉟ Plan B5

L'usine où Carlsberg embouteillait son eau minérale ne donne ni dans l'entrechat ni dans le pas de deux mais dans la danse ultra-contemporaine : sur les deux scènes (« Grand Carl » et « Petit Carl ») se produisent des troupes très professionnelles comme Nyt Dansk Danse Teater (NDDT), dirigée depuis

2001 par Tim Rushton, ou l'énergique Uppercut Danseteater, qui assure en breakdance.

Bohrsgade 19 ; Bus 1A ou S-tog Enghave • ☎ 33 88 80 00 • www.dansehallerne. dk • De 135 à 280 Kr.

Vesterbro et Kødbyen (Quartier 11 – p. 74)

MIKKELLER
Bar à bière   ㊱ Plan C4

Mikkeller n'a rien du rade viril de quartier où l'on vide sa chope d'un trait tout en regardant un match sur écran plasma : c'est un bar moderne et cool, décoré par l'agence de designers Femmes Régionales (sic !), avec de jolies chaises en bois et un éclairage chaleureux. Vous pourrez y déguster la Vesterbrown, la Vesterbrospontan et autres musts de la microbrasserie Mikkeller.

Et si le soleil est de la partie, la terrasse s'avère fort agréable.
Viktoriagade 8B ; Bus 6A, 10, 14, 26 • ☎ 33 31 04 15 • www.mikkeller.dk • Dim.-mer. 13h-1h, jeu.-ven. 13h-2h, sam. 12h-2h.

DET NY TEATER
Comédie musicale   ㊲ Plan C4

Le « Nouveau Théâtre » n'est plus aussi nouveau que cela (1908 !) mais il est le spécialiste incontesté du music-hall. De *My Fair Lady* à *Singin' in the Rain*, il enchaîne les succès : *Le Fantôme de l'Opéra*

Nos meilleurs
PLANS CONCERTS

Riffs de guitares électriques, démonstrations d'organistes, la scène copenhaguoise retentit de multiples sons toute l'année. Quand viennent les beaux jours, elle s'anime encore plus et ouvre ses concerts à tous, en belle généreuse. À vous les bons plans de la capitale !

TRINITATIS KIRKE

De juillet à septembre, les mercredis à 14h ou les vendredis à 12h, des organistes se relaient dans l'église attenante à la Rundetårn (p. 29) pour vous offrir un cocktail de Bach, Franck et Mozart. www.trinitatiskirke.dk

CATHÉDRALE DE ROSKILDE

Même programme dans la cathédrale des rois du Danemark (p. 86), les jeudis de juin, juillet et août à 20h. www.roskilde-kirkemusik.dk

CAFÉ NEMOLAND

Vous préférez le reggae ? Soyez à Christiania (p. 48) le dimanche de 18h à 21h30 en été ! Voir p. 139.

FREDAGSROCK

Les concerts de rock que Tivoli (p. 22) programme tous les vendredis d'avril à septembre sont gratuits, mais l'accès au parc reste payant (www.fredagsrock.dk). Voir p. 135.

Nemoland

(version Andrew Lloyd Webber)
fut longtemps n° 1 au box-office.
Gammel Kongevej 29 ; Bus 6A,
9A, 26, 31 • ☎ 33 25 50 75 • www.
detnyteater.dk • Billetterie : lun.-mar.
12h-18h, jeu. 12h-19h30, ven.-sam. 12h-
20h, dim. 12h-15h • De 250 à 700 Kr.

FALERNUM
Bar à vin Plan C4

Voici un bar à vin sympa à
toute heure, qui a un décor
de bois sombre et le sens du
hygge (p. 150). Une clientèle
d'habitués s'y entasse après le
travail pour se verser un verre
de pinot noir californien ou un
barolo du Piémont autour d'une
assiette de charcuterie ou d'un
plateau de fromages. On peut
aussi y dîner, sur réservation.
Værnedamsvej 16 ; Bus 6A, 9A, 31
• ☎ 33 22 30 89 • www.falernum.dk
• Dim.-jeu. 12h-minuit, ven.-sam. 12h-2h
• Vin au verre : 65-145 Kr.

VON FRESSEN
Bar-restaurant ㊴ Plan B4

Un joli bar, dont les murs
sont recouverts de papier
peint vintage, rehaussé de
multiples miroirs dorés. On
aime l'atmosphère décalée,
ambiance *Alice au Pays des
Merveilles*, les inévitables
bougies *hyggelig* et les bières
brassées sur place. Cocktails et
petits plats maison complètent
la carte de ce bar réjouissant.
Vesterbrogade 124 ; Bus 3A, 6A
• ☎ 33 25 29 82 • www.vonfressen.com

• Lun.-ven. 11h-minuit, sam.-dim.
10h-minuit • Brunch : 135 Kr ; burger :
125 Kr ; cocktail : 80 Kr.

VEGA
Concerts ㊵ Plan B5

Le bâtiment vous rebute ? Ne vous
arrêtez surtout pas à ce détail :
avec ses 3 salles de concerts, ses
12 bars et son programme très
varié, le Vega est un indémodable
du clubbing qui a déjà accueilli,
dans son décor scandinave des
années 1950, Björk, Kylie Minogue
et Norah Jones ! Dans la salle
Ideal Bar, l'ambiance est rock le
ven., disco et house le sam.
Enghavevej 40 ; Bus 3A, 10, 14 ou S-tog
Enghave • ☎ 33 25 70 11 • www.vega.dk
• Mer. 19h-4h, jeu.-sam. 19h-5h
• Entrée : 0-80 Kr (selon l'heure)
• Interdit aux moins de 18 ans.

CAFE SOMMERSTED
Bar ㊶ Plan C5

Ni touristique ni bobo, le
Sommersted est un bon exemple
de *værtshus* : le pub à la mode
danoise, avec juke-box, billard,
bibelots, barman tatoué et bière
à gogo. Vous n'y trouverez
pas grand-chose à grignoter
hormis les chips, mais l'humeur
est très festive le samedi soir
car c'est généralement le
stop des noctambules qui ne
veulent pas aller se coucher !
Sommerstedgade 2 ; Bus 1A, 10, 14
ou S-tog Dybbølsbro • ☎ 33 21 01 60
• Ven.-sam. 17h-5h • Bière : à partir
de 23 Kr.

MESTEREN & LÆRLINGEN
Bar ㊷ Plan C5

« Le Maître et l'Apprenti » (Mesteren & Lærlingen), tapi au fond du quartier des abattoirs, est un pub créatif, (toujours) fumeur, pas prétentieux pour un sou, qui pratique derrière ses vitres souvent embuées une politique de petits prix et de « pure musique » reggae, soul... grâce à une poignée d'excellents DJs (dont Simon et Rita).
Flæsketorvet 86 ; Bus 1A, 10, 14 ou S-tog Dybbølsbro • ☎ 32 15 24 83 • Mer.-sam. 20h-3h.

Absalon

BAKKEN
Bar-club ㊸ Plan C5

À ne pas confondre avec Bakken, le parc d'attractions de Klampenborg ! Même s'il a un petit côté « zoo », ce spot du quartier des abattoirs est bien un club où l'on danse, comme des *sardin-i-dåse* (« sardines en boîte »), sur une bande-son très forte, mixée par les DJs maison : hip-hop, RnB, techno... Bonnes vibrations.
Flæsketorvet 19-21 ; Bus 1A, 10, 14 ou S-tog Dybbølsbro • www.bakkenkbh.dk • Mer. 21h-3h, jeu.-sam. 17h-5h • Entrée gratuite ; consos à partir de 35 Kr • Interdit aux moins de 22 ans.

JOLENE
Bar-club ㊹ Plan C5

Un bar déjanté et festif, qui accueille des DJs rock et funk, dans l'atmosphère industrielle chic de Kødbyen. Sans chichis et prisée par les locaux, cette adresse est très animée le week-end.
Flæsketorvet 81-85 ; S-tog Dybbølsbro • Jeu. 20h-3h, ven.-sam. 19h-4h, dim. 20h-3h.

ABSALON
Association culturelle ㊺ Plan C5

Cette ancienne église abrite aujourd'hui une association de quartier qui organise de nombreuses activités sportives et de loisirs, adressées aux locaux et aux curieux de passage. Au programme : des cours de

yoga, des concerts, des parties de tennis de table endiablées et surtout les « Friday Delight », les soirées du vendredi soir, qui commencent à 18h par un grand repas entre voisins (100 Kr par pers.) et se prolongent par des concerts.
Sønder Blvd 73 ; S-tog Dybbølsbro • www.absaloncph.dk • T.l.j. 7h-minuit.

DYREHAVEN
Bar   46 Plan C5

Conçu par le patron du Bakken, Dyrehaven surfe sur la même vague cool et informelle. Ici, on vient pour un café, un sandwich ou une bière après le travail. On adore l'atmosphère relax, qui rend les lieux particulièrement familiers dès la première visite. Le brunch est à essayer !
Sønder Boulevard 72 ; S-tog Dybbølsbro • www.dyrehavenkbh.dk • T.l.j. 9h-21h.

MCKLUUD
Bar   47 Plan C5

Un véritable *saloon* à l'américaine, un bar de locaux sombre et fréquenté, sans prétention, et qui mise tout sur son barman sympathique, ses petits prix surprenants à Copenhague et sa très bonne musique.
Istedgade 126 ; Bus 10, 14 • ☎ 33 31 63 83 • T.l.j. 14h-2h • Bière : 25 Kr.

Nørrebro et Assistens Kirkegård (Quartier 12 - p. 78)

GEFÄHRLICH
Bar-club électro   48 Plan C3

Si les mots *mash-up*, *glitch* et *IDM* n'ont plus de secret pour vous, faites un saut chez Gefährlich – « dangereux » en allemand – qui combine bar, club, resto et galerie d'art. La nourriture peut laisser perplexe, le dance-floor n'est pas très grand mais le tout ravira les amateurs d'électro et de cocktails (le *Dark'n stormy* est à base de rhum des Bermudes et d'un soda danois au gingembre).
Fælledvej 7 ; Bus 3A, 5A • ☎ 35 24 13 24 • www.gefahrlich.dk • Mar.-jeu. 17h-22h, ven.-sam. 17h-4h (cuisine : 22h ou 23h) • Cocktails : 75-95 Kr.

MALBECK VINBAR
Bar à vin   49 Plan C2

On connaissait le Malbeck de Vesterbro (Istedgade 61 – C5). Voici le Malbeck de Nørrebro : un agréable bar à vin stratégiquement situé à l'angle d'Elmegade, où l'on vient se poser pour laper un verre de merlot de la Napa Valley ou de cabernet sauvignon d'Argentine, assorti de quelques tapas maison.
Birkegade 2 ; Bus 3A, 5A • ☎ 32 21 52 15 • www.malbeck.dk • Lun.-jeu. 16h-minuit, ven.-sam. 16h-1h ; *happy hour* : lun.-jeu. 16h-18h ; f. 1er jan. et 25 déc. • Vin au verre : 50-150 Kr.

Nos meilleurs bars
HYGGELIG

Le *hyggelig* ou *hygge* (prononcez « hugueu »), c'est la version danoise de l'épicurisme. Une philosophie du bonheur, basée sur l'appréciation des petites choses qui rendent la vie plus douce : une soirée entre amis, un intérieur douillet, une lumière tamisée chaleureuse et intime. Le *hygge* s'expérimente dans chaque petit bonheur de la vie. On dit souvent des Danois qu'ils sont le peuple le plus heureux du monde, et le *hygge* est l'un de leurs secrets.

Plusieurs bars sont propices au *hygge*. Ici, juste une atmosphère relaxante. Et des bougies, bien sûr. (Voir aussi p. 166.)

RUBY

Soirée dans un appartement presque privé. Voir p. 137.

MIKKELLER

Bière danoise et atmosphère enjouée. Voir p. 145.

VON FRESSEN

Alice au Pays des Merveilles version Copenhague. Voir p. 147.

KIND OF BLUE

Déco soignée et ambiance chaleureuse. Voir ci-contre.

THE BARKING DOG

Cocktails et banquettes en velours. Voir ci-contre.

FALERNUM

Chardonnay sur canapé. Voir p. 147.

Kind of Blue

RUST
Club   50   Plan C2

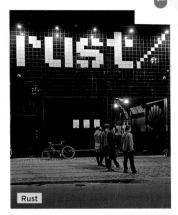

Rust

Plus « intime » – et peut-être moins commercial – que le Vega (p. 147), le Rust est l'un des meilleurs dance-floors de la ville et ça se sait : depuis 1989, une foule d'étudiants, d'adeptes du skate et d'habitants du quartier fait la queue pour y chalouper sur une bande-son hip-hop et funk le mercredi, house le jeudi, électro et rock les ven.-sam.
Guldbergsgade 8 ; Bus 3A, 5A
• ☎ 35 24 52 00 • www.rust.dk
• Ven.-sam. 20h30-5h • Entrée : 60 Kr
• Interdit aux moins de 20 ans à partir de 23h les ven.-sam.

NØRREBRO BRYGHUS
Bar à bière   51   Plan C2

Envie de bières... différentes ? Derrière la façade en briques de la brasserie d'Anders Kissmeyer se cachent un bar à bière où l'on peut tester la Bombay pale ale et la Ravnsborg rød brassées sur place, ainsi qu'un restaurant où l'on peut déjeuner ou dîner... à la bière, avec vue plongeante sur les cuves.
Ryesgade 3 ; Bus 3A, 5A • ☎ 35 30 05 30 • www.noerrebrobryghus.dk
• Lun.-jeu. 12h-23h, ven.-sam. 12h-1h, dim. 12h-21h (restaurant 12h-15h et 17h30-22h) ; f. 24-26 déc. et 1er jan.

THE BARKING DOG
Bar   52   Plan C2

Une idée pour commencer la soirée en douceur ? Le « Chien qui aboie » ! C'est un bar discret

et relaxant, idéal pour un tête-à-tête en amoureux : la musique n'a rien de débridé et la carte des cocktails est prometteuse (il y en a aussi sans alcool). Déco cosy avec ses banquettes en velours et ses hauts tabourets pour s'attabler au beau comptoir. N.B. : ici, on appelle *Bienvenidos* un cocktail citron vert, café et mezcal.
Sankt Hans Gade 19 ; Bus 3A, 5A
• ☎ 35 36 16 00 • www.thebarkingdog.dk
• Dim.-lun. 18h-minuit, mar.-jeu. 18h-1h, ven.-sam. 18h-2h • Cocktails maison : 90-105 Kr.

KIND OF BLUE
Bar   53   Plan C2

L'incarnation du *hyggelig* (ci-contre) danois. Une lumière tamisée, des bougies disposées sur les tables, une déco design soignée et chaleureuse, une population urbaine, branchée et détendue. Kind of Blue est l'adresse

à ne pas manquer pour refaire le monde entre amis. Le week-end, l'endroit est pris d'assaut, l'été, la terrasse ne désemplit pas, mais tentez tout de même votre chance, Kind of Blue vaut le détour.
Ravnsbroggade 17 ; Bus 3A • www.kindofblue.dk • Lun.-mer 16h-minuit, jeu.-sam. 16h-2h.

STENGADE
Concerts rock et électro
54 Plan C3

Derrière la façade bleu et noir de cette boîte coincée entre deux immeubles de Nørrebro, une asso dynamique programme près de 250 concerts par an. Le style ? Punk, hard rock, métal, avec quelques incursions du côté des Balkans et de la scène électro nordique (Anders Trentemøller). Les sons dub, reggae, dancehall et reggaeton ne sont pas non plus en reste. C'est assez expérimental, un peu *vild* (« sauvage ») parfois, mais

toujours électrisant. Une occasion de faire de belles découvertes !
Stengade 18 ; Bus 3A, 5A • ☎ 21 84 74 88 • www.stengade.dk • Mar.-dim. à partir de 19h, 20h ou 21h • Entrée : 0-120 Kr selon les soirs.

TAPPERIET BRUS
Bar à bière
55 Plan C2

« *Brus* » désigne l'état d'effervescence d'un liquide après sa gazéification. Tout un programme pour cette brasserie, installée dans une ancienne usine ferroviaire. On goûte à sa production, accoudé au bar, dans une ambiance post-indus. À visiter aussi, la brasserie en activité (dernier samedi du mois à 14h, 250 Kr par personne pour un tour d'1 h et une dégustation), le magasin et le restaurant.
Guldbergsgade 29F ; Bus 3A, 5C • ☎ 75 22 22 00 • www.tapperietbrus.dk • Bar : lun.-jeu. 15h-minuit, ven.-sam. 12h-3h, dim. 12h-minuit ; restaurant : t.l.j. 17h30-22h ; boutique : t.l.j. 12h-19h.

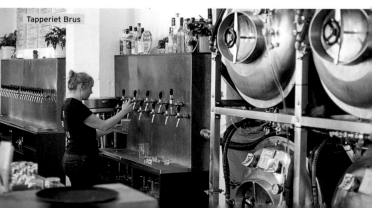

Tapperiet Brus

Østerbro et Brumleby (Quartier 13 - p. 82)

CAFE BOPA
Café-bar 56 Plan D1

Le Bopa a un gros atout : le square en face, qu'il annexe dès les beaux jours, parfait pour siroter sa pinte de Bøgebryg (une bière à l'extrait de hêtre). C'est plaisant, jeune, très fréquenté, assez rythmé (des DJs s'y relaient du jeudi au samedi à partir de 23h30). Pour information, Bopa désignait le mouvement de résistants – *Borgerlige Partisaner* – qui organisait, pendant la Seconde Guerre mondiale, des actions de sabotage contre les nazis.
Bopa Plads (Løgstørgade 8) ; Bus 1A, 3A, 18, 40 • ☎ 35 43 05 66

• www.cafebopa.dk • Lun.-mer. 9h-minuit, jeu. 9h-1h, ven. 9h-5h, sam. 10h-5h, dim. 10h-23h • Bières : 35-55 Kr.

REPUBLIQUE
Théâtre 57 Plan D1

Ici, la barrière de la langue est plus facile à franchir : ce théâtre se veut « visuel » avant tout ! À l'affiche, chaque saison : des performances en anglais et des spectacles du collectif québécois Les 7 doigts de la main, riches en effets spéciaux et en acrobaties.
Østerfælled Torv 37 ; Bus 1A
• ☎ 70 27 22 72 • www.republique.dk
• Billetterie : ouv. 1 h avant le spectacle
• De 70 à 295 Kr.

En dehors des quartiers de visite

KONCERT HUSET
Musique classique et opéra
58 Plan HP par E5

Émergeant de la plaine d'Amager, ce colossal cube recouvert d'un voile bleu nuit a suscité de vives polémiques (son prix surtout !). Pourtant, l'amphithéâtre de 1 800 places que Jean Nouvel y a conçu, avec la collaboration de Yasuhisa Toyota, est une splendeur. On dit que son acoustique arrache des larmes aux musiciens de l'Orchestre symphonique national. À l'affiche : Grieg, Rachmaninov, Strauss et… un orgue de 6 144 tuyaux !

Ørestads Boulevard 13 ; M° DR-Byen
• ☎ 35 20 62 62 • www.dr.dk/Koncerthuset • De 100 à 800 Kr.

ROYAL ARENA
Concerts et évènements sportifs 59 Plan HP par E5

Inauguré en février 2017, Royal Arena est un lieu polyvalent, qui accueille aussi bien des concerts que des évènements sportifs (13 000 à 16 000 places). Programmés en 2018, Depeche Mode, The Killers et Kendrick Lamar.
Hannemanns Allé 18-20 ; M° ou S-tog Ørestad, puis 10 min de marche • www.royalarena.dk

Boutiques

PAR QUARTIER

Les coups de cœur
DE NOTRE AUTEUR

Copenhague n'est que design et élégance ! Notre auteur a butiné dans chaque ruelle de cette ville merveilleuse pour dénicher les meilleures adresses du moment. Du jean impeccablement coupé au plaid molletonné, voici ses coups de cœur.

TORVEHALLERNE

On virevolte d'une échoppe à l'autre, guidé par les odeurs et les saveurs de cette halle gourmande qui offre un cadre enchanteur à tous les déjeuners. Voir p. 67.

SHOP KBH

Une boutique qui incarne à la perfection le charme raffiné de Værnedamsvej, de ses bijoux géométriques à ses pantalons bien coupés. Une adresse pointue et tendance. Voir p. 179.

GARDENIA COPENHAGEN

On craque pour les boots impeccables en cuir lissé de cette marque, qui chausse les Copenhaguois depuis plus de cinquante ans. Voir p. 177.

Torvehallerne

THE ORGANIC CLUB

Changer sa garde-robe tous les mois, tout en étant écoresponsable ? C'est possible dans cette boutique innovante et agréable. Voir p. 179.

ILLUMS BOLIGHUS

Le meilleur du design danois rassemblé dans un superbe magasin. Objets de déco Normann, vaisselle Royal Copenhagen et couvre-lits Hay sont à découvrir sur trois étages. Voir p. 33.

CMYK KLD

Une jolie galerie d'art, dont les recoins dévoilent des lithographies surprenantes et des aquarelles romantiques. Un labyrinthe d'inspiration. Voir p. 181.

The Organic Club

À SAVOIR

HORAIRES D'OUVERTURE

Dans le centre-ville, les boutiques ouvrent du lun. au jeu. de 10h à 18h, le ven. jusqu'à 19h, le sam. jusqu'à 16h, et accueillent en outre les clients les premier et dernier dim. du mois, de 12h à 16h. À la périphérie, les horaires sont plus restreints : lun.-ven. 11h-17h30, sam. 11h-14h ou 16h. Les centres commerciaux suivent un régime différent : lun.-ven. 10h-20h, sam. 10h-18h. Les fleuristes, kiosques (7-Eleven) et supérettes (Døgn Netto) sont toujours ouverts le dim.

BONNES AFFAIRES

Les *sæsonudsalg* ont traditionnellement lieu en janvier et en août mais il n'y a plus, depuis 2001, de « soldes » à dates fixes : tous les commerçants ont le droit, à tout moment de l'année, de casser leurs prix. Et beaucoup ne s'en privent pas. *Tilbud* (offres spéciales), *rabat* (rabais), *lagersalg* (déstockage)... : il faut juste traquer les affiches !

La plupart des commerces acceptent la Visa et, dans une moindre mesure, la MasterCard mais beaucoup – surtout les petits détaillants et les supérettes – prélèvent des « frais additionnels » *(gebyr)* de 3,75 % sur les paiements effectués par carte de paiement étrangère. Il est donc plus sage de régler en espèces. Vous résidez hors de l'Union européenne ? Si le montant de vos achats, par facture, est supérieur à 300 Kr, vous avez la possibilité de vous faire rembourser la TVA danoise (25 %) sur présentation du formulaire *Tax free form* à l'aéroport, entre le terminal 2 et le terminal 3, au comptoir de la Danske Bank.

CENTRES COMMERCIAUX

Il y en a partout ! Le plus proche de la Gare centrale est Fisketorvet (Kalvebod Brygge 59 - C5 ; S-tog Dybbølsbro ; www.fisketorvet. dk). Frederiksberg a son FRB.C près du Mº Frederiksberg (B3 ; www.frbc-shopping. dk) ; Roskilde, son Ros'Torv à 300 m de la gare (www.rostorv.dk) ; et Malmö, son Emporia (train arrêt Hyllie, www.emporia.se). Le plus colossal ? Le Field's au Mº Ørestad (www.dkclub-onlyou.com/Fields).

SE REPÉRER

Chaque adresse de boutique est associée à une pastille rouge numérotée. Vous retrouverez toutes les adresses positionnées sur le plan détachable.

Boutiques
PAR QUARTIER

Rådhuspladsen et Tivoli (Quartier 1 – p. 22)

POLITIKENS GALLERI
Galerie ① Plan G7

Si vous n'avez pas les moyens de jouer au mécène, essayez Politikens Galleri. Le grand quotidien danois a en effet sa propre salle d'expo, un slogan – « l'art pour tous » – ainsi qu'une collection de tirages offset et de sculptures à petits prix : 999 Kr pour une céramique (*The Laughing Boy*) peinte par Leif Sylvester et 1085 Kr pour une litho de Bjørn Nørgaard. Nous, on a bien aimé *Ved Skovsøen* de Hans Scherfig pour 230 Kr. Qui dit mieux ?
Rådhuspladsen 37 ; Bus 5A, 6A, 10, 14 ou S-tog Vesterport • ☎ 70 15 85 15

• www.plus.politiken.dk • Lun.-ven. 8h30-18h, sam. 10h-14h.

ARTIUM
Décoration ② Plan G8

À quelques pas de l'entrée de Tivoli, on trouve des objets design à des prix accessibles, parfaits pour un shopping cadeaux. De la vaisselle Georg Jensen (p. 164) aux textiles Marimekko en passant par les bols colorés Normann, Artium est l'adresse à ne pas rater.
Vesterbrogade 1L ; Bus 2A, 10, 12, 26 • ☎ 33 12 34 88 • www.artium.dk • T.l.j. 10h-19h.

Dedicated.

DEDICATED.
Mode ③ Plan G7

La boutique parfaite pour dénicher le bon t-shirt, qui stylisera n'importe quel jean. Bien sûr, nous sommes à Copenhague, on retrouve des vélos en pagaille, mais les designs sont variés, du palmier rose à la petite phrase bien tournée. Dedicated. - qui se décline aussi en sweat-shirts - a tout pour plaire.
Frederiksberggade 10 ; Bus 10, 12, 26, 5A, 6A • www.dedicatedbrand.com • Lun.-sam. 10h-19h, dim. 11h-18h.

Latinerkvarteret et Rundetårn (Quartier 2 - p. 28)

HENRIK VIBSKOV
Mode danoise ④ Plan H7

On le présente toujours comme « l'enfant terrible » de la mode danoise ! Anticonformiste certes, mais touche-à-tout de génie, Vibskov électrise les fashion victims par ses défilés déjantés et son vestiaire « nomade urbain ». Comptez 3 500 Kr environ pour un blouson ou un manteau.
Krystalgade 6 ; M° ou S-tog Nørreport • ☎ 33 14 61 00 • www.henrikvibskov boutique.com • Lun.-jeu. 11h-18h, ven. 11h-19h, sam. 11h-17h.

ANOTHER NUÉ
Mode ⑤ Plan H7

Un décor épuré et *shabby chic* qui met en valeur une belle sélection de labels étrangers et scandinaves. Vous connaissez déjà

Acne (ci-contre), vous découvrirez Lovechild 1979, la ligne féminine, sexy et pas compliquée qu'ont imaginée Anne-Dorte Larsen et Katrine Rabjerg. Et quelques jolis accessoires : sacs d'Yvonne Koné, bijoux de Sophie Bille Brahe...
Krystalgade 3, dans l'arrière-cour ; M° ou S-tog Nørreport • ☎ 33 12 33 02 • www.nuecph.com • Lun.-jeu. 11h-18h, ven. 11h-18h30, sam. 11h-16h.

HEARTMADE
Mode danoise ⑥ Plan H7

En 1998, cinq ans après être sortie de la DKDS (l'École danoise du Design), Julie Fagerholt a créé une ligne de prêt-à-porter romantique, chaleureuse et inspirée, agrémentée çà et là de détails ethniques et d'incroyables dentelles qui lui ont valu le prix très convoité du « Bouton d'Or »

(Guldknappen) et... de figurent dans la penderie de Mary, l'épouse du prince héritier Frederik.
Pilestræde 45 ; Bus 1A, 26, 350S ou Mº Kongens Nytorv • ☎ 33 38 08 80 • www.heartmade.dk • Lun.-ven. 11h-17h30, sam. 11h-15h.

DAY BIRGER ET MIKKELSEN
Concept store ⑦ Plan H7

Ce concept store propose toute une gamme d'articles enthousiasmants, aux tissus fluides et aux détails vintage, souvent bohèmes, parfois inspirés de l'Asie, comme le kimono Amelie en mohair à 2 999 Kr. Le label a été créé en 1997 par Keld Mikkelsen et la géniale Malene Birger qui, depuis 2003, a sa propre firme : By Malene Birger (Antonigade 10 ; www.bymalenebirger.com ; mêmes horaires).

Day Birger et Mikkelsen

Pilestræde 16 ; Mº Kongens Nytorv • ☎ 33 45 88 80 • www.day.dk • Lun.-jeu. 10h-18h, ven. 10h-19h, sam. 10h-17h.

SAMSØE & SAMSØE
Mode danoise ⑧ Plan H7

La marque que les frères Samsøe ont lancée en 1991 continue de tracer son sillon : en 2012, elle a été nominée aux Dansk Fashion Awards pour son approche résolument démocratique (en raison de ses prix très attractifs) et pour la qualité de ses vêtements – une ligne simple et libre, déclinée dans des teintes lie-de-vin, chutney ou orange et qui s'inscrit incontestablement dans la tradition de l'épure scandinave.
Pilestræde 8C ; Bus 1A, 26 ou Mº Kongens Nytorv • ☎ 35 28 51 11 • www.samsoe.com • Lun.-jeu. 10h-19h, ven. 10h-20h, sam. 10h-18h, dim. 11h-18h.

ACNE
Mode suédoise ⑨ Plan H7

La griffe suédoise Acne (« Ambition to Create Novel Expressions »), connue depuis 1996 pour ses jeans cinq poches, unisexes et décontractés, a cinq points de vente à Copenhague. Celui-ci est le plus attrayant, avec son lot de robettes dégradées et de tops aux couleurs pétantes : néo-bordeaux, rouge lipstick... Un t-shirt Vista noir basic coûte 695 Kr, une jupe Glide portefeuille 2 100 Kr.
Pilestræde 40 ; Bus 1A, 26 ou Mº Kongens Nytorv • ☎ 33 93 00 90 • www.acnestudios.com • Lun.-ven. 11h-19h, sam. 10h-17h.

Nos meilleurs
QUARTIERS SHOPPING

Les options shopping sont nombreuses dans la capitale, si vous avez une idée en tête, un seul conseil, ciblez le bon quartier.

AMAGERTORV

Les adresses emblématiques du design danois sont rassemblées autour de cette place, d'Illums Bolighus à Royal Copenhagen. Voir p. 32 et adresses p. 163.

PILESTRÆDE, GAMMEL MONT ET GAMMEL KONGEVEJ

Les rues incontournables pour se confectionner une garde-robe à la pointe de la tendance danoise. Voir p. 73 et adresses p. 176.

FIOLSTRÆDE

Proximité de l'université oblige, cette adorable ruelle réunit des librairies exceptionnelles. Voir p. 30 et 163.

RAVNSBORGGADE

La référence pour les amateurs de brocante. Les trésors sont enfouis dans les boutiques de cette rue. Voir p. 79 et 181.

VESTERBRO ET ØSTERBRO

Vous avez une âme de chineur? Arpentez les grands axes de Vesterbro (p. 74) et Østerbro (p. 82), c'est ici que vous trouverez les meilleures friperies. Voir adresses p. 178 et 183.

BREDGADE, CARLSBERG ET KØDBYEN

Pour découvrir le travail des artistes danois, filez dans leurs galeries d'Amalienborg (p. 54), de Frederiksberg (p. 70) et de Vesterbro (p. 74). Voir adresses p. 172, 176 et 178.

Pilestræde

NORSE PROJECTS
Mode ⑩ Plan H7

Deux boutiques, homme et femme, qui réunissent les dernières créations de la marque japonaise Nanamica et celles, bien sûr, de Norse Projects, dont le fameux ciré danois *(danish rain jacket)* qui vous donne en moins de deux un petit air de pêcheur breton ; mais rassurez-vous, il y a d'autres coloris que le jaune canari ! Vous y trouverez aussi des accessoires sympa : gants, écharpes et chaussettes originaux et les fameux sacs à dos suédois Fjällräven Kånken.
Pilestræde 39 et 41 ; Bus 1A, 11 ou Mº Kongens Nytorv • ☎ 33 93 26 26 • www.norseprojects.com • Lun.-jeu. 10h-18h, ven. 10h-19h, sam. 10h-16h.

FN92
Friperie ⑪ Plan G7

Avis aux nostalgiques : Pauli Tvilling expose dans son sous-sol du Quartier latin une impressionnante collection d'atours vintage ! La boutique est notamment renommée pour sa superbe collection de robes de mariée datant des années 1840 aux années 1990. Il s'agit de la plus grande de toute la Scandinavie ! Vous y admirerez aussi d'élégants accessoires : sacs à main, chapeaux et diadèmes. Les prix ? Entre 600 et 10 000 Kr. Le magasin idéal pour s'offrir un voyage à travers le temps et à travers les modes.
Larsbjørnsstræde 6, Kld. Th ; Bus 2A, 5A, 6A, 10, 14 • ☎ 22 48 56 86

• www.fn92shop.com • Lun.-ven. 11h-18h, sam. 11h-16h.

ILSE JACOBSEN
Chaussures ⑫ Plan H7

C'est avec ses bottes en caoutchouc de Malaisie qu'Ilse Jacobsen, de Hornbæk (au nord-ouest d'Elseneur), se taille un franc succès depuis 1993 auprès des Scandinaves : légères, confortables, super-isolantes, elles sont non seulement déclinées dans des tons originaux – cognac, bordeaux, œillet d'Inde – mais aussi... lacées (1 000 Kr).
Kronprinsensgade 11 ; Bus 1A, 26 ou Mº Kongens Nytorv • ☎ 33 33 01 90 • www.ilsejacobsen.com • Lun.-jeu. 10h-18h, ven. 10h-19h, sam. 10h-17h.

RØDE KORS BUTIK
Friperie ⑬ Plan G7

Premier filon : la boutique de la Croix Rouge située près de Gammeltorv. Ses portants alignent une garde-robe pour tous les goûts et toutes les saisons à des prix

Røde Kors Butik

très *rimelig* (raisonnables) : moins de 100 Kr la veste. Vous pourrez faire de vraies belles trouvailles. Annexes dans les quartiers de Vesterbro (Istedgade 69 – C5), Nørrebro (Nørrebrogade 40 – C2-3) et Østerbro (Nordre Frihavnsgade 45 – D1).
Vestergade 2B ; Bus 5A, 6A, 10, 14 • ☎ 33 91 33 29 • www.rodekors.dk • Lun.-ven. 12h-17h30, sam. 11h-15h.

O-S-V.
Friperie   ⑭ Plan H7

O-S-V., à deux pas de la Rundetårn, joue dans une autre catégorie : celle du *second hand* trié sur le volet. On n'y vend en effet que des vêtements chics et des accessoires de marques, internationales (Dries van Noten, Martin Margiela...) ou danoises (Stine Goya, Nørgaard, Libertine-Libertine...) à moitié prix !
Peder Hvitfeldts Stræde 4 ; M° ou S-tog Nørreport • ☎ 32 10 42 22 • www.o-s-v. dk • Lun.-ven. 11h-18h, sam. 11h-16h.

SØMODS BOLCHER
Confiserie   ⑮ Plan G7 et G6

Cette charmante échoppe, élevée au rang de fournisseur de la Cour en 1991, fabrique à l'ancienne, dans de vénérables chaudrons, des *bolcher* (bonbons de sucre cuit) qui fondent dans la bouche. Les ingrédients sont 100 % naturels, cela va de soi, et les parfums variés : il y a ici 82 sortes de *bolcher* dont 10 à base de réglisse, 5 sans sucre et 2 sans allergènes. 40 Kr les 100 g, 157 Kr les 500 g.

Den Franske Bogcafé

Nørregade 24 et 36b ; Bus 5A, 6A, 14 ou M°/S-tog Nørreport • ☎ 33 12 60 46 • www.soemods-bolcher.dk • Lun.-jeu. 9h15-17h30, ven. 9h15-18h, sam. 10h-15h30, dim. 11h-15h ; f. le dim. juil.-sept., 1er jan. et 25 déc.

CINNOBER
Librairie-papeterie ⑯ Plan H6

Tout près de la Rundetårn, Ulla et Morten ont ouvert une librairie spécialisée dans les domaines du graphisme, du design, de la mode et du street art. Les ouvrages, élégamment présentés, sont originaux, à l'instar des cahiers, carnets de notes et cartes postales, à sélectionner pour une idée cadeau.
Landemærket 9 ; M° ou S-tog Nørreport • ☎ 26 13 98 33 • www.cinnobershop.dk • Lun.-ven. 11h-17h30, sam. 11h-16h.

DEN FRANSKE BOGCAFÉ
Librairie ⑰ **Plan H7**

Rien de tel que cette petite librairie française pour faire provision de romans danois en VF ! Nous, on a craqué pour *Cochon d'Allemand* de Knud Romer, mais ils ont aussi des romans de Karen Blixen, Peter Høeg, sans oublier les « racontars arctiques » de Jørn Riel, le tout au format poche. On peut même y grignoter une quiche lorraine !
Fiolstræde 16 • ☎ 33 16 39 72
• www.denfranskebogcafe.dk
• Lun.-ven. 11h-18h, sam. 11h-16h.

Amagertorv et Nationalmuseet (Quartier 3 – p. 32)

ILLUM
Grand magasin ⑱ **Plan H7**

Les étoiles de la mode danoise - Bruuns Bazaar, Designers Remix, InWear... - brillent au firmament de ce grand magasin, fondé en 1891 par Anton Carl Illum. Haut lieu de la mode et de la beauté, il est également le sanctuaire du design et des objets fonctionnels pour la maison, avec d'excellents basiques, comme les boîtes de conservation Rigtig by Stelton ou les serviettes de bain Mette Ditmer. Craquant !
Østergade 52 • ☎ 33 14 40 02 • www.illum.dk • Lun.-sam. 10h-20h, dim. 11h-18h.

MADS NØRGAARD
Mode danoise ⑲ **Plan H7**

Une valeur sûre ? Nørgaard ! Né en 1961, Mads a pignon sur rue depuis 1986. Il a réalisé de mémorables défilés à Christiania (Den Grå Hal – p. 139), participé à toutes les Danish Fashion Weeks et continue de signer quatre collections par an de vêtements intemporels, sages, comme le t-shirt rayé Thor (200 Kr).

Amagertorv 13 ; Bus 1A, 2A, 9A, 26, 40 ou Mᵒ Kongens Nytorv • ☎ 33 12 24 28 • www.madsnorgaard.dk • Lun.-ven. 10h-18h, ven. 10h-19h, sam. 10h-17h.

Mads Nørgaard

HR.SKO
Chaussures 20 Plan H7

Hr.Sko est un chausseur multimarque pour hommes, installé dans un vieux passage quasi parisien situé entre Skindergade et Strøget - et dont l'architecte est l'infatigable Vilhelm Dahlerup. Certains de ses modèles sortent du lot : ceux du Danois Thomas Ahler par exemple, connu pour ses bottes *(støvler)* en cuir de veau mais aussi pour sa sous-marque à moindre prix, TGA. À partir de 899 Kr.
Jorcks Passage Vimmelskaftet 42B ; Bus 14 • ☎ 33 15 32 22 • www.hrsko.dk • Lun.-ven. 10h-18h, sam. 10h-16h.

GEORG JENSEN
Vaisselle 21 Plan H7

Au 1er étage sont exposés tous les couverts qui ont fait la renommée de la maison Georg Jensen : cuillère à moutarde *(sennepske)*, couteau à beurre *(smørkniv)*... La luxueuse ménagère Pyramide de Harald Nielsen, inspirée de l'Égypte ancienne, se vend toujours depuis 1927 - 3 049 Kr les 24 pièces - mais le chef-d'œuvre absolu en la matière reste le service résolument élégant d'Arne Jacobsen que vous avez peut-être vu au musée du Design (p. 57) : 1 560 Kr le set de 4 couverts.
Amagertorv 4 ; Bus 1A, 2A, 9A, 26, 40, 66 ou Mº Kongens Nytorv • ☎ 33 11 40 80 • www.georgjensen. com • Lun.-ven. 10h-19h, sam. 10h-18h, dim. 11h-16h.

DANSK HÅNDVÆRK
Jouets en bois 22 Plan H7

Au Danemark, les jouets en bois *(trælegetøj)* connaissent encore un vif succès. Même ceux datant des années 1950 : ArchitectMade produit toujours les canards de Hans Bølling ; et Rosendahl, les macareux de Kay Bojesen. Ici, on retiendra surtout les créations de Lars Jensen, tel le « train anniversaire » *(fødselsdagstoget)*, qu'il peint lui-même à la main dans des couleurs pimpantes.
Kompagnistræde 20 ; Bus 14 • ☎ 33 11 45 52 • www.billedleg.dk • Mar.-jeu. 11h-17h30, ven. 11h-18h30, sam. 11h-15h.

Dansk Håndværk

PETITGAS
Chapeaux   ㉓ Plan H7

En 1960, lorsque Kurt Jensen est arrivé à Copenhague, la ville comptait 18 chapeliers ! Il est aujourd'hui un des derniers, mais son négoce, fondé en 1857 par le Parisien François Petitgas, a conservé - à peu de chose près - sa déco d'origine et recèle pas mal de trésors : panama, stetson…
Købmagergade 5 ; Bus 1A, 26 ou Mº Kongens Nytorv • ☎ 33 13 62 70 • www.petitgas.dk • Mar.-ven. 11h-17h30, sam. 11h-15h.

KARRUSELLA
Mode enfant   ㉔ Plan H7

Cette boutique du Jorcks Passage a en réserve des vêtements griffés Krutter pour les bambins de 0 à 9 ans : confortables, ultra-cool, produits en Grèce mais conçus dans le Jutland par Birgitta Sonn, ils sont certifiés 100 % Oeko-Tex. On apprécie aussi les bodys et les t-shirts (199 Kr) aux imprimés chatoyants de la marque Småfolk. Vous y trouverez de la déco et des jouets de qualité à la fois pour les tout-petits et pour les plus grands.
Jorcks Passage Vimmelskaftet 42 ; Bus 14 • ☎ 29 88 73 11 • www.karrusella.dk • Lun.-ven. 10h-18h, sam. 10h-17h, dim. 11h-16h.

STILLEBEN
Décoration   ㉕ Plan H7

Ditte et Jelena, qui ont toutes deux fait leurs classes à l'École

Stilleben

danoise de Design, présentent dans leur exquise boutique des plaids (2 495 Kr) et des coussins (795 Kr) en cashlama - le cachemire des lamas - de la marque Aiayu. Vous y trouverez également les beaux vases colorés et autres céramiques de Studio Arhoj, et encore bien d'autres objets élégants pour égayer votre salon.
Niels Hemmingsens Gade 3 ; Bus 1A, 2A, 9A, 26, 40, 66 ou Mº Kongens Nytorv • ☎ 33 91 11 31 • www.stilleben.dk • Lun.-ven. 10h-18h, sam. 10h-17h.

ROYAL COPENHAGEN
Vaisselle   ㉖ Plan H7

Un grand classique depuis 1775 : la vaisselle produite par l'illustre manufacture de porcelaine Royal Copenhagen ! Une théière Flora Danica (voir p. 186) coûte la bagatelle de 45 000 Kr, mais le service Blue Fluted Mega - avec son ravissant motif bleu cobalt

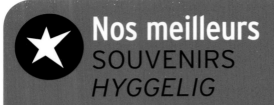

Nos meilleurs
SOUVENIRS
HYGGELIG

Le *hyggelig* (p. 150) danois est un art de vivre ; pour recréer un petit cocon douillet une fois rentré en France, voici nos adresses préférées.

HAY HOUSE

La version design de l'appartement témoin ! Voir ci-contre.

STILLEBEN

Une boutique de déco imaginée par deux designers passionnées par le textile. Voir p. 165.

ILLUMS BOLIGHUS

Un concentré de design danois, avec plaids soyeux et coussins élégants. Voir p. 33.

DIVAEN & KRUDTUGLEN

Parce que les enfants aussi ont droit au *hygge* ! Voir p. 183.

réinterprété en 2000 par Karen Kjældgård, alors étudiante en design – reste à peu près abordable : 557 Kr le set de deux mugs. Amagertorv 6 ; Bus 1A, 2A, 9A, 26, 40, 66 ou M° Kongens Nytorv • ☎ 33 13 71 81 • www.royalcopenhagen.com • Lun.-ven. 10h-19h, sam. 10h-18h, dim. 11h-16h.

LOUIS POULSEN
Luminaires ㉗ Plan H7

En 1892, Louis Poulsen (1871-1934) ne vendait que des lampes à arc de carbone ! Aujourd'hui, sa firme est l'une des plus renommées qui soient dans le monde du luminaire ; et son showroom, un florilège du design danois :

la série PH de Poul Henningsen (p. 186), les superbes lampes de bureau d'Arne Jacobsen... Gammel Strand 28 ; Bus 1A, 2A, 26, 40, 66 • ☎ 70 33 14 14 • www.shop. louispoulsen.dk • Lun.-jeu. 8h-16h, ven. 8h-15h30.

GUNGUN
Mode danoise ㉘ Plan H7

Sept designers danois présentent leurs réalisations dans cette jolie boutique. On aime particulièrement la ligne de vêtements sobre et confortable de la créatrice Hunkon, composée de combinaisons pantalon, kimonos bariolés

et robes fluides. À voir aussi,
les céramiques délicates et
les aquarelles rêveuses.
**Kompagnistræde 25 ; Bus 1A, 2A, 9A,
26, 37 • ☎ 26 19 94 66**
**• www.gungun.dk • Lun., mer., jeu. 11h-
18h, ven. 10h-18h, sam. 11h-16h.**

HAY HOUSE
Design   ㉙ **Plan H7**

Prenez l'ascenseur ! Il permet
d'accéder directement aux deux
étages très spacieux que Rolf
Hay a investis au-dessus du
Café Norden (voir p. 109) pour
y exposer ses coups de cœur :
des objets originaux, sobres et
souvent scandinaves comme les
chaises About a Chair de Hee
Welling ou les plateaux Kaleido
de Clara von Zweigbergk, de

tailles différentes et de couleurs
pimpantes – menthe, abricot,
aubergine… – qui s'encastrent
et se juxtaposent (89 Kr).
**Østergade 61 ; Bus 1A, 2A, 9A, 26, 40
ou M° Kongens Nytorv**
• ☎ 42 82 08 20 • www.hay.dk
• Lun.-ven. 10h-18h, sam. 10h-16h.

SØSTRENE GRENES
Décoration   ㉚ **Plan H7**

Le bazar discount et hétéroclite
des « Sœurs Grene » est un
vrai labyrinthe autant qu'une
caverne d'Ali Baba. Les articles
y sont présentés en carton, en
vrac ou sur palette mais si on
prend le temps de fouiner dans
tous les recoins, on trouve des
bricoles peu chères, souvent
utiles et parfois rigolotes.

Hay House

Amagertorv 24 ; Bus 1A, 2A, 9A, 26, 40
ou M° Kongens Nytorv
• www.sostrenegrene.com • Lun.-ven.
10h-19h, sam. 10h-18h, dim. 11h-17h.

VOIR AUSSI :

Illums Bolighus | p. 33
| ㉛ Plan H7

De Kongens Nytorv à Nyhavn (Quartier 6 - p. 50)

MAGASIN DU NORD
Grand magasin ㉜ Plan I7

Pour des générations de Danois,
le grand magasin créé en 1870 à
l'intérieur de l'Hôtel du Nord (d'où
son nom) aura longtemps été la
vitrine du bon goût et du dernier
cri : c'est ici que l'on a installé les
tout premiers ascenseurs (1895) et
escalators (1953) de Scandinavie !
Aujourd'hui, le succès est toujours
au rendez-vous, surtout avant Noël,
avec une belle palette d'articles pour
la maison : verres dessinés par Cecilie

Manz (p. 186) pour Holmegaard,
bougeoirs zen de Jonas Wagell,
lampes de bureau Waterquest...
Kongens Nytorv 13 ; M° Kongens Nytorv
• ☎ 33 11 44 33 • www.magasin.dk
• Lun.-sam. 10h-20h.

LAKRIDS BY BÜLOW
Confiserie ㉝ Plan I7

Johan Bülow est un fou de
réglisse. Il a sillonné l'Italie du
Sud, la Grèce et un bout du
Moyen-Orient en quête des
meilleures racines et s'est lancé

Pour « bien jouer » : Lego

La petite brique en plastique inventée par Ole Kirk Christiansen
ayant fait le tour du monde, même ceux qui n'ont jamais mis les
pieds à Copenhague savent au moins deux mots de danois : *leg godt*,
prononcés « lego », signifient « joue bien ! ». L'entreprise Lego est
aujourd'hui le premier producteur mondial de jouets (notons que le
petit-fils d'Ole, Kjeld, est la première fortune du pays). Voici le magasin phare – le *flagship store* – de la marque au Danemark. Jetez-y un
œil : les prix sont sensiblement moins élevés qu'en France. C'est l'occasion de compléter votre collection, en piochant dans des bocaux
emplis de briques en plastique multicolores, empilables et inter-
changeables (79,95 Kr les petits bocaux d'environ 100 briques, en
optimisant le rangement, et 149,95 Kr les grands bocaux d'environ
200 pièces). De quoi pleinement laisser libre cours à son imagination !

㉞ **Vimmelskaftet 37 (H7) ; Bus 14 • ☎ 52 15 91 57 • http://stores.lego.com**
• Lun.-sam. 10h-18h (jusqu'à 19h le ven.), dim. 11h-17h.

Lego

en 2007 dans la production artisanale de pâte de *lakrids*, qu'il vend pure, rehaussée d'une pointe de piment ou mélangée à des canneberges, du chocolat noir... (75 Kr le pot de 150 g).
Au sous-sol du Magasin du Nord ; Kongens Nytorv 13 ; Mº Kongens Nytorv • ☎ 33 18 24 26 • www.lakrids.nu • Dim.-jeu. 11h-23h, ven.-sam. 11h-minuit.

MUNTHE
Mode ㉟ Plan H7

Naja Munthe explore depuis 1994, à raison de quatre collections par an, la tendance hippie chic et le glamour façon « retour d'Ibiza ». Il faut y mettre le prix mais les créations des saisons précédentes ne sont pas plus chères qu'ailleurs. Sur le Net, la robe Miles, par exemple, se vend 1 019 Kr au lieu de 1 699 Kr.
Store Regnegade 2 ; Bus 1A, 26 ou Mº Kongens Nytorv • ☎ 33 32 03 12 • www.munthe.com • Lun.-ven. 11h-18h, sam. 10h-16h.

STORM
Accessoires ㊱ Plan H6-7

Cette belle boutique conçue par Leif Jørgensen propose des sacs originaux et colorés signés Moschino, une jolie collection de bijoux de la marque danoise Black Dakini, ainsi que des montres et des lunettes de soleil. Si vous avez envie d'une petite pause culturelle, vous pourrez aussi feuilleter des livres d'art savamment mis en valeur.
Store Regnegade 1 ; Bus 1A, 26 ou Mº Kongens Nytorv • ☎ 33 93 00 14 • www.stormfashion.dk • Lun.-jeu. 11h-17h30, ven. 11h-19h, sam. 10h-16h.

BANG & OLUFSEN
Technologie ㊲ Plan I7

L'entreprise danoise B&O, fondée en 1925 et championne du son Hi-Fi, s'est récemment lancée dans la téléphonie et le multimédia mobiles mais elle fait toujours appel aux meilleurs designers : c'est Cecilie Manz, par exemple (p. 186), qui a conçu le génial Beolit 12. De belles émotions acoustiques à partir de 845 Kr.
Østergade 18 ; Bus 1A, 26 ou Mº Kongens Nytorv • ☎ 33 11 14 15 • www.bang-olufsen.com • Lun.-ven. 10h-18h, sam. 10h-16h.

LE KLINT
Design
(38) Plan H7

Ce showroom, aménagé en 1943 par Kaare Klint (p. 186), réunit toutes ses créations – et celles de sa famille – dans le domaine du luminaire. Vous y verrez la fameuse lampe Fruit en papier plié, produite sous le nom de code LK 101 A (2 895 Kr), les tourbillonnantes lampes de chevet Swirl d'Oivind Slaatto (à partir de 2 995 Kr), ainsi que les dernières nouveautés.
Store Kirkestræde 1 ; Bus 1A, 2A, 9A, 26, 40, 66 ou M° Kongens Nytorv
• ☎ 33 11 66 63 • www.leklint.dk
• Mar.-ven. 10h-18h, sam. 10h-16h.

H. SKJALM P.
Décoration
(39) Plan H7

Cette boutique de déco couvre toutes les pièces de la maison, des ustensiles de cuisine aux serviettes de toilette en passant par les coquets coussins de canapé et les luminaires sobres et recherchés. Chaque objet est soigneusement mis en valeur et les prix restent accessibles.
Nikolaj Plads 9 ; M° Kongens Nytorv
• ☎ 33 11 82 00 • www.hskjalmp.dk
• Lun.-ven. 10h-18h, sam. 10h-17h.

NYHAVNS GLASPUSTERI
Vaisselle
(40) Plan I7

Christian Edwards s'est lancé dans l'aventure du verre soufflé en 1999. Depuis, il a développé sa propre technique et ouvert une boutique à deux pas de Nyhavn. Résultat : des flûtes, bols et coupelles simples aux couleurs subtiles et aux formes mouvantes, inspirées par la mer toute proche. Les prix sont plutôt raisonnables.
Toldbodgade 4 ; Bus 66 ou Havnebus 991/992 • ☎ 33 13 01 34

H. Skjalm P.

- www.copenhagenglass.dk
- Lun.-ven. 10h-17h30, sam. 10h-14h.

GALERIE BIRCH
Galerie   ㊶ Plan I7

Anette Birch a repris la galerie
que son père, ardent défenseur du
mouvement Cobra (p. 95), avait
fondée en 1946. Ici, on peut acheter
des œuvres d'Asger Jorn, de Pierre
Alechinsky ou de Carl-Henning
Pedersen, figures majeures de ce
courant artistique, mais aussi celles
de Richard Mortensen, pionnier
de l'art abstrait au Danemark.
Bredgade 6 ; Bus 1A, 26, 66 ou
M° Kongens Nytorv • ☎ 33 11 16 52
• www.galeriebirch.com • Mar.-ven. 11h-
17h, sam. 11h-15h.

RAVHUSET
Bijoux   ㊷ Plan I7

Et l'ambre de la Baltique ? Il arrive
que la mer en rejette le long
des côtes danoises mais vous
en trouverez plus facilement à
la House of Amber qui réalise,
depuis 1933, de jolis bijoux à
partir de cette résine translucide,
secrétée il y a quelque 40 millions
d'années par des conifères
maintenant disparus. Vous
aurez le choix entre pendentifs,
bracelets et boucles d'oreilles,
mais aussi broches et, pour les
hommes, d'étonnants boutons de
manchette ! Premier prix : 450 Kr.
Nyhavn 2 ; Bus 1A, 26 ou M° Kongens
Nytorv • ☎ 33 11 67 00
• www.houseofamber.com
• T.l.j. 10h-18h (mai-sept. 9h-20h).

MARTIN ASBÆK GALLERY
Galerie   ㊸ Plan I6

Chez les Asbæk aussi, on est
galeriste de père en fils. Martin
– le fils de Jacob et Patricia,
fondateurs d'un centre d'art
contemporain à Majorque
(le CCA Andratx) - s'intéresse
de près à la jeune photographie
scandinave. L'occasion de
découvrir Trine Søndergaard
et la série « Intérieur » qu'elle
a réalisée dans un manoir
abandonné. Sa palette de
gris n'aurait pas déplu à
Hammershøi (p. 63) !
Bredgade 23 ; Bus 1A, 26, 66 ou
M° Kongens Nytorv • ☎ 33 15 40 45
• www.martinasbaek.com
• Mar.-ven. 11h-18h, sam. 11h-16h.

POSTERLAND
Affiches   ㊹ Plan H6

Ici, pas de papirklip ni de snaps
mais une riche collection de
posters, réunie depuis 1977
et classée par thème : design
scandinave, expos au Louisiana,
tourisme (avec la série
« Wonderful Copenhagen »)...
Il faut tabler sur 258 Kr pour
l'affiche « A century of Danish
chairs ». Pour un magnifique
poster Arne Jacobsen, il
faut prévoir de dépenser
entre 168 et 268 Kr.
Gothersgade 45 ; M° Kongens Nytorv
• ☎ 33 11 28 21 • www.posterland.dk
• Lun.-jeu. 9h30-18h, ven. 9h30-19h,
sam. 9h30-17h.

SUMMERBIRD ARRIBA NACIONAL
Confiserie Plan H7

À partir de fèves de *cacao trinitario*, Mikael Grønlykke confectionne, dans sa Fionie natale (Assens), de délicates ganaches qu'il excelle à marier avec des amandes de Valence. Résultat : ses truffes *(trøffel)* avec une ganache au fruit de la Passion sont un enchantement, tout comme celles, subtiles, au chocolat blanc et à la réglisse.
Ny Østergade 9 ; Bus 1A, 26 ou Mº Kongens Nytorv • ☎ 33 13 19 02 • www.summerbird.dk • Lun.-jeu. 11h30-17h30, ven. 10h30-18h, sam. 10h30-17h.

SUSANNE JUUL
Chapeaux Plan I6

Après dix années passées au service du Théâtre royal en qualité de costumière, Susanne Juul dessine ses propres couvre-chefs et les réalise entièrement à la main, dans la forme, la couleur, la taille et le matériau de votre choix : bibi en paille *(strå)*, toque en fourrure *(pels)*, bonnet

en laine *(uld)*... Modèles prêt-à-porter à partir de 2 400 Kr.
Store Kongensgade 14 ; Bus 1A, 26 ou Mº Kongens Nytorv • ☎ 33 32 25 22 • www.susannejuul.dk • Mar.-jeu. 11h-17h30, ven. 11h-18h, sam. 10h-16h.

CARL HANSEN AND SONS
Design Plan I6

Carl Hansen ouvre en 1908 un modeste atelier d'ébénisterie, à Odense. Rapidement, on reconnaît la qualité de son travail. Dans les années 1940, le fils de Carl Hansen, Holger, s'associe avec Hans J. Wegner (voir p. 186). Carl Hansen and Sons gagne ses lettres de noblesse, grâce par exemple à la *wishbone chair*. Aujourd'hui, l'atelier est le plus grand fabricant de meubles dessinés par Wegner, il produit également certains modèles imaginés par Mogens Koch et Kaare Klint (p. 186). Depuis 2011, l'entreprise a accueilli entre ses murs le célèbre ébéniste Rud Rasmussen, anciennement installé à Nørrebro.
Bredgade 18, 21 & 23 ; Mº Kongens Nytorv • ☎ 64 47 23 60 • www.carlhansen.com • Lun.-ven. 11h-18h, sam. 10h-15h.

Amalienborg, la Petite Sirène et le port (Quartier 7 – p. 54)

NYT I BO
Design Plan I6

Depuis 1969, ce magasin lumineux situé près de l'église de Marbre se consacre à fond au design scandinave, de Børge Mogensen,

célèbre pour son fauteuil *Spanish model nº 2226* (p. 186), à Hans J. Wegner, représenté ici par une *sofabord* (table basse) de 6 146 à 15 606 Kr (p. 186), sans oublier la célèbre Nanna Ditzel (voir p. 187). Un des musts du moment ?

La gamme d'accessoires Vipp
pour salle de bains et cuisine !
Store Kongensgade 88 ; Bus 1A, 26
• ☎ 33 14 33 14 • www.nytibo.dk
• Lun.-ven. 11h-17h30, sam. 10h-15h.

SKAGERAK
Design ④⑨ Plan E2

Le banc Drachmann, le plateau
Fionia ou plus récemment la série
Mira avec ses chaises en acier,
comptent parmi les réalisations
iconiques de cette entreprise
de design. Depuis quarante ans,
Skagerak fait appel à des
designers internationaux (mais
principalement danois) pour créer
ses différentes séries de mobilier
intérieur et extérieur. On retrouve
quelques éléments à Illums
Bolighus (p. 33) et Stilleben (p. 165).

Indiakaj 2 ; M° Østerport
• ☎ 35 43 20 00
• www.skagerakstore.dk • Lun.-ven. 10h-
17h30, sam. 10h-15h.

GALLERI CHRISTOFFER EGELUND
Galerie ⑤⓪ Plan I6

Face au Design Museum, ce
galeriste audacieux s'aventure
dans l'univers de la performance,
de la vidéo et des installations...
Dans son bel espace de 300 m²,
il présente des clichés du
talentueux photographe helvéto-
danois Christoffer Jørgensen
et les tableaux ultra-colorés
d'Armando Marino. À suivre !
Bredgade 75 ; Bus 1A • ☎ 33 93 92 00
• www.christofferegelund.dk • Mar.-ven.
11h-18h, sam. 12h-16h ou sur r.-v.

JOLANDER
Décoration 51 Plan I6

Tine Jolander, tisserande à l'origine, a réuni dans cette ancienne boucherie les objets originaux qu'elle glane aux puces, de l'artisanat neuf mais aussi ce qu'elle fait de ses propres mains. Boules de Noël polonaises, pêle-mêle de cartes postales anciennes ou patchwork américain : c'est assez éclectique et très coloré mais plutôt sympa et elle fait toujours de jolis paquets cadeaux. Vin chaud à Noël.
Store Kongensgade 74 ; Bus 1A, 26 • ☎ 61 71 67 75 (portable) • www.jolander.dk • Mar.-ven. 12h-18h, sam. 11h-15h.

JESPER PACKNESS
Céramiques 52 Plan I6

Jesper, céramiste de son état, expose au musée du Design mais n'a pas la grosse tête pour autant : dans l'atelier-galerie où il présente les fruits de son imagination fertile, il cultive toujours l'humour et les couleurs vives. Avec lui, les bougeoirs ondulent, les vases se prennent pour des damiers et les tasses se parent de mille reflets dorés.
Store Kongensgade 95 ; Bus 1A, 26 • ☎ 33 91 01 84 • www.packness.dk • Mar.-ven. 12h-17h30, sam. 11h-14h.

Rosenborg (Quartier 8 – p. 60)

BERING FLOWERS
Fleuriste 53 Plan H6

Des fleurs, vous en verrez dans les vitrines de la maison Bering : des bouquets (350 Kr) et de romantiques couronnes de table composées avec un soin infini. Il faut dire que ce fleuriste est *kongelig hofleverandør*, fournisseur de Sa Majesté. Une idée de déco pas trop encombrante ? Le porte-bougie italien qui peut faire office de vase (750 Kr).
Landemærket 12 ; Bus 6A, 42 • ☎ 33 15 26 11 • www.beringflowers.com • Lun.-jeu. 9h-17h30, ven. 9h-19h, sam. 9h-14h.

Torvehallerne et Nansensgade (Quartier 9 – p. 66)

PANDURO
Papeterie-loisirs 54 Plan G6

Panduro c'est, depuis les années 1960, LA référence en matière de loisirs créatifs. Leur catalogue (466 pages !) déborde d'articles à moins de 50 Kr destinés à décorer un coffret ou une couronne de l'Avent, personnaliser son ordinateur ou réaliser des pochoirs... À ce prix-là, vous pouvez laisser libre cours à votre imagination !
Nørre Farimagsgade 74 ; Bus 5A, 14, 40, M° ou S-tog Nørreport • ☎ 33 15 44 21 • www.pandurohobby.dk • Lun.-jeu. 10h-18h, ven. 10h-19h, sam. 10h-16h, dim. 12h-16h.

composée de robes portefeuille à fleurs, de gazelle Adidas et de jeans Levi's taille haute. Une bonne adresse pour se composer un look légèrement insolent, confort et assez recherché. Un autre magasin a ouvert ses portes sur Istedgade au n° 112.

Frederiksborggade 25-17 ; M° Nørreport • ☎ 61 42 33 30 • www.rude.dk • Lun.-jeu. 10h-18h30, ven. 10h-19h, sam. 10h-17h, dim. 13h-17h.

TIGER
Bazar ⑤⑦ Plan H6

En 1995, Tiger était une boutique « tout à 10 Kr ». Depuis, la gamme de prix s'est élargie et l'entreprise compte 200 magasins répartis dans 18 pays d'Europe, mais ses produits sont toujours aussi pimpants : il y a des articles de papeterie, des horloges en fourchettes et cuillères, de jolies lanternes et des guirlandes multicolores pour les fêtes d'anniversaire. Un rayon de soleil sur Kultorvet.

Frederiksborggade 1 ; M° ou S-tog Nørreport • ☎ 33 73 15 16 • www.tiger.dk • Lun.-ven. 9h30-20h, sam. 10h-20h, dim. 11h-19h.

NI'MAT
Spa ⑤⑧ Plan G6

Et pour une pause cocooning ? Voici le Spa de l'hôtel Kong Arthur ! On vient s'y ressourcer à toute heure du jour, pour un massage aux pierres chaudes (1 200 Kr) ou un *« god ni'mat morgen »* (1 h de massage suivie d'un petit déjeuner

Piet Breinholm

PIET BREINHOLM
Cuir ⑤⑤ Plan G6

Piet Breinholm a eu la bonne idée, en 2003, de racheter des machines à coudre le cuir pour pouvoir rééditer, dans une version modernisée, son vieux cartable d'écolier ! Avec les mêmes peaux, tannées au Brésil, il réalise aussi de superbes sacs de différents formats, comme l'élégant sac à dos, qui se patinent à merveille. Entre 3 500 et 5 500 Kr.

Nansensgade 48 ; Bus 40, M° ou S-tog Nørreport • ☎ 42 32 73 91 • www. pietbreinholm.dk • Ven. 11h-18h et sur r.-v.

RUDE
Mode ⑤⑥ Plan G6

Une boutique aux accents cool et rétro, avec une garde-robe

EcoEgo

(« vert »), recyclé et respectueux de l'environnement, qu'il s'agisse des savons faits main à Køge – 40 Kr pièce – ou des draps de bain 100 % coton de Marie-Louise Rosholm édités par The Organic Company. Il y a même des *øko tie-dye strømper*, de rigolotes chaussettes multicolores ! **Nørre Farimagsgade 82 ; Bus 5A, 14, 40, M° ou S-tog Nørreport • ☎ 32 12 06 12 • www.ecoego.dk • Lun.-ven. 11h-18h, sam. 11h-15h.**

– 1000 Kr), dans un décor mi-thaï mi-indonésien, à peine troublé par le gargouillis du *boblebad* (Jacuzzi). **Vendersgade 27 ☎ 33 15 89 55 • www.nimat.dk • Lun.-ven. 10h-21h, sam. 10h-20h, dim. 10h-18h.**

ECOEGO
Produits bio   ⑤⑨ Plan G6

Et maintenant, un peu d'écoshopping ! Dans la boutique de Bryan Traum, tout est *grøn*

BORNHOLMERBUTIKKEN
Épicerie gourmande
⑥⓪ Plan G6

Bornholm est une île perdue au milieu de la Baltique, réputée pour la saveur de ses produits du terroir. Le comptoir que Betty Løvschal a ouvert aux halles (p. 67) vous en donnera un avant-goût : miels, gelée de groseilles *(ribs)*, marmelade de coing *(kvæde)*... Le pot de confiture de baies d'argousier – un arbuste épineux aux baies orangées – vaut ses 55 Kr. **Torvehallerne Israels Plads ; Bus 5A, 6A, 14, 40, M° ou S-tog Nørreport • ☎ 30 72 00 07 • www.bornholmerbutikken.dk • Lun.-jeu. 10h-19h, ven. 10h-20h, sam. 10h-18h, dim. 11h-17h.**

Frederiksberg et Carlsberg (Quartier 10 - p. 70)

MOSHI MOSHI MIND
Mode   ⑥① Plan C4

Moshi moshi, c'est tout un état d'esprit, que l'on pourrait résumer d'un mot : *hygge* (p. 150). Les

hyggetøj sont des vêtements moelleux, simples, que l'on ne choisit pas pour leur statut social mais pour leur confort afin de se sentir bien avec soi-même après le travail. Pour se ressourcer et

se détendre dans l'univers parfois stressant de la grande ville... C'est donc furieusement tendance, quasi spirituel, tout en restant abordable : 395 Kr le top spécial yoga, 499 Kr la marinière aux tons doux.
Gammel Kongevej 91 ; Bus 3A, 6A, 9A, 26, 31 • ☎ 33 22 88 33 • www.moshimoshimind.dk • Lun.-jeu. 11h-17h30, ven. 11h-18h, sam. 11h-15h.

JUULS
Cave
㉒ Plan C4

L'adresse idéale pour dénicher une bonne bouteille de *Jule Akvavit* ! Ce caviste en vend, entre autres spiritueux introuvables en France : de la vodka de l'île de Hven, du gin de Copenhague *(Copenhagengin)* et du *snaps*, bien sûr. Après quoi, il ne vous restera plus qu'à apprendre les chansons qui vont avec !
Værnedamsvej 15 ; Bus 6A, 9A, 26 • ☎ 33 31 13 29 • www.juuls.dk • Lun.-jeu. 9h-17h30, ven. 9h-19h, sam. 9h-17h.

GARDENIA COPENHAGEN
Chaussures
㉓ Plan C4

En 1941, les toutes premières chaussures créées par Herman Gutkin, fondateur de la marque Gardenia, sont des sabots de bois. Il est alors installé dans un sous-sol de Nørrebro. Près de 80 ans plus tard, la marque est toujours présente, mais se définit plus par ses escarpins stylés que par ses sabots !
Gammel Kongevej 107 ; Bus 9A, 31, 71 • ☎ 33 21 13 45 • www.gardenia copenhagen.dk • Lun.-ven. 11h-18h, sam. 11h-16h.

KLUNS
Mode
㉔ Plan C4

Une marque danoise qui présente de jolis petits pulls bien coupés, des combinaisons fleuries, une belle collection de chapeaux aux styles variés, des chaussettes bigarrées, une foule d'accessoires colorés (bijoux, vernis à ongles et autres ceintures). De quoi pimenter sa garde-robe à un coût raisonnable (pour les standards danois).
Gammel Kongevej 51 ; Bus 9A, 31, 71 • ☎ 33 25 80 33 • Lun.-jeu. 10h-18h, ven. 10h-19h, sam. 10h-16h.

PETER BEIER
Confiserie
㉕ Plan B3

Ce chocolatier, l'un des meilleurs du royaume, élabore dans son manoir près d'Helsingør 80 sortes de palets et bouchées à partir de fèves conchées en France, issues de sa propre plantation en

Gardenia Copenhagen

République dominicaine. Le tout est souvent présenté dans de jolies boîtes en fibre de bananier. 199 Kr les truffes au champagne.
Falkoner Allé 43 • ☎ 38 33 18 01 • www.pbchokolade.dk • Lun.-jeu. 10h-18h, ven. 10h-19h, sam. 10h-17h.

FILIPPA K
Mode   (66) Plan C4

Vous n'avez jamais vu la « collection femme » au grand complet de la Suédoise Filippa Knutsson ? Depuis 2012, elle est exposée dans cette boutique de Frederiksberg et tire son épingle du jeu par un style clair, minimaliste, impeccable, souvent monochrome. Les petites robes noires ne se démodent pas et les jeans stretch qui ont fait son succès dans les années 1990 existent désormais en gris. Autour de 1 200 Kr le cardigan, 2 600 Kr le blazer.
Gammel Kongevej 99 ; Bus 9A, 31 • ☎ 33 93 80 00 • www.filippa-k.com • Lun.-ven. 10h-18h, sam. 10h-15h.

Vesterbro et Kødbyen (Quartier 11 – p. 74)

KYOTO
Mode   (67) Plan C5

Le quartier de Vesterbro a aussi son hot spot de la mode masculine : Kyoto qui, contrairement à ce que l'on pourrait imaginer, privilégie une esthétique tout à fait danoise, avec des jeans sanforisés Han Kjøbenhavn, de jolies chemises à 900 Kr étiquetées Libertine-Libertine et les écharpes SNS Herning.
Istedgade 95 ; Bus 10, 14 • ☎ 33 31 66 36 • www.kyoto.dk • Lun.-jeu. 10h-18h, ven. 10h-19h, sam. 10h-17h.

Heidi & Bjarne

V1 GALLERY
Galerie   (68) Plan C5

Jesper Elg et Peter Funch, eux aussi basés à Kødbyen, prêtent leurs murs depuis 2002 à un bataillon d'artistes internationaux. Mention spéciale pour Jacob Holdt qui, en 1976, avec un simple petit Canon, a immortalisé en 20 000 clichés la pauvreté, l'exclusion et le racisme aux États-Unis.
Flæsketorvet 69-71 ; Bus 1A, 10, 14 ou S-tog Dybbølsbro • ☎ 33 31 03 21

The Organic Club

à tartiner) en lave de l'Etna, des rééditions de la chaise SE68 d'Egon Eiermann... Nos coups de cœur ? Les batteries portables ToCharge de Kreafunk qui, sous leurs allures de galet, ont la capacité de recharger votre téléphone 2 fois (348 Kr) et la lampe Blooper de Please Wait to be Seated, dont le design tout en rondeurs diffuse une lumière tamisée (2 678 Kr).

Istedgade 80 • ☎ 32 18 02 55
• www.danskshop.com • Lun.-ven. 11h-18h, sam. 11h-16h.

• www.v1gallery.com • Mer.-ven. 12h-18h, sam. 12h-16h.

HEIDI & BJARNE
Mode enfant   ⑥⑨ Plan C5

Un magasin de vêtements pour enfants très sympathique. Des leggings à pois (139 Kr) aux justaucorps de gym à froufrous (340 Kr), en passant par les petites robes au design rigolo, Heidi & Bjarne anime la garde-robe de vos bouts de choux. On a craqué pour les sacs à dos rétro conçus par Jens Storm (599 Kr).

Istedgade 85 ; Bus 10, 14
• ☎ 33 31 12 45 • www.heidiogbjarne.dk
• Lun.-ven. 10h30-17h30.

DANSK MADE FOR ROOMS
Design   ⑦⓪ Plan C5

Au sortir de Skydebanehave (p. 75), poussez la porte de Dansk MFR ! Ce magasin de meubles, gadgets et luminaires a plus d'un tour dans son sac : une *smørbræt* (planche

THE ORGANIC CLUB
Mode écoresponsable
       ⑦① Plan C5

Le concept de ce magasin est assez original : grâce à un abonnement mensuel de 99 Kr, on peut échanger ses vêtements issus du commerce équitable et durable contre des points, qui permettent d'acheter d'autres vêtements, et se constituer ainsi une « garde-robe collective ». Une friperie écoresponsable, dans laquelle on trouve aussi des produits de beauté, bio *of course*.

Istedgade 124 ; Bus 10, 14
• www.theorganicclub.com
• Lun.-ven. 10h-18h, sam. 10h-16h.

SHOP KBH
Mode   ⑦② Plan C4

Trois designers se sont associés pour créer cette boutique : Froks, Molberg et Second Arrival. Sur les étagères, on chine des vêtements très bien coupés, à la pointe de la tendance et dans un style épuré typiquement scandinave. Chemisiers (environ 599 Kr), pantalons cigarette (799 Kr) et combinaisons fluides (à partir de 999 Kr) sont rehaussées de bijoux et accessoires uniques.

Værnedamsvej 3a ; Bus 3A, 6A, 9A, 26, 31, 71 • ☎ 33 22 00 16 • www.shopkbh.dk • Lun.-ven. 11h-18h, sam. 11h-16h.

DESIGNER ZOO
Design ⑦ Plan B4

L'adresse idéale pour humer les dernières tendances du design danois ! Sur 800 m² et deux niveaux, le Zoo réunit huit artistes maison et une quinzaine de créateurs aussi talentueux que novateurs. Il y a des théières géniales signées Rigmor Als Jørgensen, des vases de Bettina Schori et les petites tables pour enfants de Karsten Lauritsen (*bønneborde*, 990 Kr),

déclinées en 100 couleurs : papaye, fougère, cassis…

Vesterbrogade 137 ; Bus 6A • ☎ 33 24 94 93 • www.dzoo.dk • Lun.-ven. 10h-18h, sam. 10h-15h.

GALLERY POULSEN
Galerie ⑦ Plan C5

Dans sa galerie de Kødbyen, Morten Poulsen défend avec enthousiasme des artistes peu conventionnels, parfois proches du street art, qui bousculent notre vision du monde : Tom Sanford, Eric White, Debra Hampton… Le plus marquant ? William Powhida ! Chaque année, fin août, une exposition de groupe est organisée.

Staldgade 32 ; Bus 1A, 10, 14 ou S-tog Dybbølsbro • ☎ 33 33 93 96 • www.gallerypoulsen.com • Mar.-ven. 10h-17h30, sam. 10h-15h.

Nørrebro et Assistens Kirkegård (Quartier 12 – p. 78)

STIG P
Mode danoise ⑦ Plan C2

Stig P n'est pas un nouveau venu sur la scène de la mode : sa boutique au Kronprinsensgade 14 (H7) existe depuis 1969 ! Toutefois, ses créations, que vous découvrirez ici aux côtés de ses marques préférées (Yvonne Koné, Wood Wood…), paraissent toujours aussi jeunes : des hauts fluides, des jupes prune comme l'Amalie (350 Kr), le tout fabriqué dans une usine portugaise et certifié Oeko-Tex.

Ravnsborggade 18 ; Bus 3A, 5A • ☎ 26 83 44 19 • www.stigp.net • Lun.-ven. 11h-18h, sam. 10h-16h.

LE FIX
Mode ⑦ Plan C2

Le Fix, à l'origine, c'est une bande de potes, issus des milieux du graph' et du skate, qui ont lancé en 1999 à Copenhague leur propre ligne de streetwear. Et ça marche fort : derrière la façade jaune taguée, des casquettes de base-ball côtoient des *thermo jackets* à 700 Kr, conçues

Puces de Nørrebro et Frederiksberg

Ravnsborggade est connue pour ses magasins d'antiquités et son marché, qui privilégie les bibelots, l'argenterie et la céramique. Il arrive que l'on y brade quelques fringues rétro. Et pour faire des affaires, fouillez chez **Veirhanen** ⑦⑦ qui a souvent des babioles à moins de 150 Kr (Ravnsborggade 7 ; ☎ 28 11 00 05 ; www.veirhanen. dk ; lun.-ven. 12h-17h30, sam. 11h-14h). Ne manquez pas non plus les déballages de Jægersborggade (p. 81, les dates sont aléatoires) ! Le *loppemarked* ⑦⑧ (marché aux puces) de Frederiksberg est une valeur sûre : ce marché aux puces se tient tous les sam. d'avr. à oct. 9h-15h derrière la mairie (B4 ; bus 9A, 18, 31 ou M° Frederiksberg).

pour traîner à la terrasse des cafés et sur le bitume. Annexe au n° 9B de Kronprinsensgade (H7), avec une galerie d'art au 1er étage.
Guldbergsgade 16 ; Bus 3A, 5A
• ☎ 64 65 82 85 • www.le-fix.com
• Lun.-jeu. 11h-18h, ven. 11h-19h, sam. 10h-17h, dim. 12h-15h (les 1er et dernier dim. du mois).

CMYK KLD
Galerie ⑦⑨ Plan B2

Cette galerie biscornue présente une foultitude d'artistes et graphistes, dont les œuvres recouvrent littéralement les murs. Si vous avancez jusqu'au fond, en prenant soin de ne pas vous prendre les pieds dans une lithographie, vous découvrirez d'autres œuvres glissées dans des présentoirs pivotants. Notre coup de cœur : les scènes panoramiques d'Ole Comoll (290 Kr).
Jægersborggade 51 ; Bus 8A
• ☎ 50 33 25 85 • www.butikcmyk.dk
• Mar.-ven. 12h-17h30, sam. 11h-15h.

REMÖ
Chaussures ⑧⓪ Plan C2

Sandro Grassi, qui tient les rênes de cette mini-boutique située près de Stokkel n° 3 (p. 81), a sélectionné une palette de chaussures

(pour femmes essentiellement) attrayantes et souvent espiègles. Nous, on a flashé sur Shoe the Bear, une marque lancée à Copenhague en 2007 par Thomas Frederiksen et Jakob Fuglsang, mais il a d'autres labels locaux : Shoe Biz (1989), Billi Bi (1993)...
Elmegade 3 ; Bus 3A, 5A • ☎ 35 39 24 40 • www.remo.dk • Lun.-ven. 11h-18h, sam. 11h-16h.

INGE VINCENTS
Céramique ⑧¹ Plan B2

Inge, céramiste de son état, ne travaille que la porcelaine blanche, dont elle a appris tous les secrets en Corée et au Japon. Dans son atelier de Nørrebro, elle modèle, tord et froisse les vases *(vaser)*, tasses *(kopper)* et photophores *(lyshuse)* avec une grande finesse. Chaque pièce est unique (de 150 à 2 500 Kr) et quasi translucide.
Jægersborggade 27 ; Bus 18 • ☎ 40 70 17 50 • www.vincents.dk • Lun. 11h-17h, mer.-ven. 10h-16h (jusqu'à 18h le jeu.), sam. 11h-15h.

KARAMELLERIET
Confiserie ⑧² Plan B2

Vous l'aurez deviné : c'est ici le royaume du caramel ! Deux bonnes fées, originaires de l'île de Bornholm, veillent sur sa fabrication depuis 2006 : Charlotte et Tine. Elles en font des mous, des croquants et des durs (55 Kr les 130 g), déclinés en plusieurs variantes : chocolat, menthe, noix de coco,

Dimseriet

réglisse, cannelle pour Noël... Un paradis pour les gourmands !
Jægersborggade 36 ; Bus 18 • ☎ 70 23 77 77 • www.karamelleriet.com • Lun.-ven. 10h-17h30, sam.-dim. 11h-15h.

FJORD INTERIØR
Décoration ⑧³ Plan C2

Des tons chauds et terriens caractérisent les collections de Fjord Interiør, spécialisé dans le mobilier et la décoration. Le choix des matières fait la part belle au naturel, bois, métal et peaux. On aime tout particulièrement les boules à neige revisitées, dont les paillettes retombent sur un mini-Shiva, un cerisier du Japon ou un microcactus. Un autre magasin se trouve à Østerbro (Nordre Frihavnsgade 62).
Elmegade 17 ; Bus 3A • ☎ 23 34 53 90 • www.fjordinterior.dk • Lun.-sam. 12h-18h.

DIMSERIET
Fleuriste et bazar 84 Plan B2

Dimseriet n'est pas qu'un excellent fleuriste, c'est aussi un joyeux bazar élégant, qui mêle bougies parfumées, sets de tables tissés, boucles d'oreilles design et jeux pour enfants. Une boutique entièrement dédiée au beau et à l'art de vivre.
Stefansgade 31 ; Bus 5A, 8A • ☎ 35 85 85 02 • Lun.-ven. 10h-18h, sam.-dim. 10h-15h.

DIVAEN & KRUDTUGLEN
Mode enfants et jouets
85 Plan C2

Les hochets en crochet de Nature Zoo (129 Kr), les chaussons rayés de Collegien (239 Kr) et les adorables culottes bouffantes de Millou (199 Kr) comptent parmi les nombreux coups de cœur de cette boutique, qui fait la part belle aux tout-petits. On y retrouve également d'autres marques, plus connues, comme Levi's, Mads Norgaard ou New Balance, en version bambin.
Elmegade 22 ; Bus 3A • ☎ 26 71 59 68 • www.millou.dk • Lun.-ven. 11h-17h30, sam. 10h-15h.

NICOLAI WALLNER
Galerie
86 Plan B2

Autrefois installée dans un ancien garage du quartier Carlsberg, la plus grande galerie d'art contemporain (800 m²) de Copenhague vient de déménager à Nørrebro. Le cadre reste brut et idéal pour installer les travaux de Joachim Koester, un artiste danois (1962) hanté par les phénomènes d'occultisme. À l'affiche également : Dan Graham et Richard Tuttle.
Glentevej 47 ; Bus 4A ou M° Nørrebro • ☎ 32 57 09 70 • www.nicolaiwallner. com • Mar.-ven. 11h-17h.

VANISHING POINT
Galerie
87 Plan B2

Une superbe boutique hybride, à mi-chemin entre la galerie d'art et le magasin de vêtements. On y chine de superbes céramiques artisanales, des bijoux en pierres semi-précieuses, des abat-jour polis, et une belle collection de pulls et cardigans tricotés main, issus du commerce équitable au Népal (885 Kr).
Jægersborggade 45 ; Bus 8A • ☎ 25 13 47 55 • vanishing-point.dk • Lun.-ven. 11h30-17h30, sam. 11h-16h, dim. 11h-14h.

Østerbro et Brumleby (Quartier 13 - p. 82)

GOURMANDIET
Épicerie
88 Plan D1

Peter Steen a été élu meilleur boucher de l'année 2011 et il le mérite : non seulement on peut dîner (jeu.-sam. 17h30-minuit) en se régalant d'un tournedos béarnaise dans le coin resto aménagé à côté de son étal, mais il a aussi un excellent

Lushbutik

Nordre Frihavnsgade 60 ; Bus 3A, 40
ou S-tog Nordhavn • ☎ 35 55 16 61
• www.facebook.com/ranrosanna.dk
• Lun.-ven. 11h-17h30, sam. 10h-14h.

LUSHBUTIK
Mode écoresponsable
90 Plan E1

Cet agréable bazar écoresponsable
propose des produits danois et
européens, fabriqués de manière
équitable, dans le respect de
l'humain, de l'animal et sans
produits toxiques. Des accessoires
de yoga, des baskets « vegan »,
des t-shirts en coton bio aux
imprimés originaux, du chocolat au
sucre de noix de coco, les rayons
de cette charmante boutique
recèlent des trésors. En bonus,
l'accueil est très chaleureux.
Nordre Frihavnsgade 57 ; Bus 3A
• ☎ 33 33 00 80 • www.lushbutik.com
• Lun.-ven. 10h-17h, sam. 11h-16h.

WAUW
Vaisselle
91 Plan D2

Une jolie collection de bols,
pichets et vases conçus par
divers céramistes européens. Les
créations les plus intéressantes ?
Les tasses à expresso et *caffè latte*
qui sortent tout droit de l'atelier
de Sussi Krull et Maranke de Vos,
un tandem hollando-danois et
écoresponsable établi à Østerbro.
Willemoesgade 13 ; Bus 1A, 3A, 14, 40
• ☎ 32 21 97 76 • www.wauw-design.dk
• Lun.-ven. 8h30-16h (téléphoner
pour vérifier que c'est ouvert),
sam. 10h30-14h30.

assortiment de confits et autres
delikatesser qui valent le détour.
Rosenvængets Allé 7A • ☎ 39 27 10 00
• www.gourmandiet.dk • Lun.-jeu. 11h-
18h, ven. 11h-19h, sam. 10h-15h.

RÁN & ROSANNA
Friperie
89 Plan E1

C'est dans ce *luksus second hand*
pour femmes (et enfants) que les
élégantes d'Østerbro déposent
leur petit ensemble de la dernière
saison. Ce n'est pas vraiment donné
– 1000 Kr le pull Acne – mais c'est
tout de même plus abordable
qu'en neuf et les griffes locales
sont bien représentées. L'occasion
de s'habiller en Filippa K ?

NOA NOA
Mode danoise Plan D1

Noa Noa - « qui sent bon » en tahitien - était le nom de la muse de Gauguin. C'est aujourd'hui celui d'une marque danoise de vêtements, lancée en 1981 par Harald et Lars Holstein. Leurs modèles enfants, Noa Noa miniature, connaissent un vif succès à Østerbro, tout comme leur collection femme, romantico-bohème, idéale pour résister aux froidures de l'hiver : cardigans angora, manteaux en jacquard brodé… mais aussi pour profiter de l'été, avec de jolies robes fluides aux couleurs pastel.
**Østerbrogade 82 ; Bus 1A, 3A, 14
• ☎ 35 43 23 22 • www.noanoa.com
• Lun.-jeu. 10h-18h, ven. 10h-19h, sam. 10h-15h.**

Roskilde et son fjord (Visite 14 - p. 86)

MUSEUMSBUTIK
Souvenirs, déco Plan p. 86

Rares sont les boutiques de musée qui proposent une sélection d'articles aussi originaux ! Dans celle du Vikingeskibsmuseet, on peut hésiter entre des draps de bain dessinés par Marie-Louise Rosholm pour The Organic Company, et des savons à l'ancienne Badeanstalten, qui ont des noms plus poétiques les uns que les autres : « bouleau », « vent polaire ». Le must absolu ? Les cardigans en laine des îles Féroé (Sirri).

Vikingeskibsmuseet

**Vikingeskibsmuseet, Vindeboder 12
• ☎ 46 30 02 27 • T.l.j. 10h-16h (jusqu'à 17h de mi-mai à fin août).**

Malmö, côté Suède (Visite 16 - p. 100)

NORRGAVEL
Décoration Plan p. 100

Créée en 1991 par l'architecte Nirvan Richter, Norrgavel compte aujourd'hui une demi-douzaine de magasins de déco en Suède. Leur point fort ? Le mobilier en bois naturel et les textiles : ils ont en rayon de craquantes serviettes de bain et de superbes sets de table Växbo Lin, des plaids, des taies et tout plein de housses de coussin en peau de mouton bouclée.
Engelbrektsgatan 20 ; Bus 1, 2, 4, 7, 8, 35 • ☎ 040 12 22 46 • www. norrgavel.se • Lun.-ven. 10h30-18h, sam. 10h30-16h, dim. 12h-16h.

Les maîtres du design

Le Made in Denmark a tout pour plaire : il est fonctionnel, élégant, parfaitement en phase avec le quotidien et résiste à l'épreuve du temps. Les designers des années 1950, rompus aux techniques artisanales, avaient une connaissance intime des bois naturels. La nouvelle génération, elle, fourmille d'idées… Petit inventaire des étoiles du design dans la catégorie « meubles & objets ».

WEGNER, L'HOMME AUX 500 CHAISES

Ébéniste hors pair, **Hans J. Wegner** (1914-2007) a beaucoup fait pour le renom du mobilier danois aux États-Unis : ses Chaises rondes – toujours éditées par Rud Rasmussen pour Carl Hansen & Sons (p. 172) – avaient été choisies, en 1960, pour le débat télévisé entre Nixon et Kennedy. Il a conçu plus de 500 modèles de sièges qui frappent tous par leur simplicité. Mais celle-là n'est qu'apparente : elle s'appuie sur les travaux d'un architecte, Kaare Klint (Le Klint, p. 170), qui avait mesuré le corps humain pour mieux adapter la forme des objets au physique de leurs utilisateurs (1925). Klint a également ment influencé l'œuvre d'un autre designer célèbre, Børge Mogensen (Nyt i bo, p. 172), qui travailla sur l'aménagement des placards dans les maisons modernes et l'iconique Spanish Chair.

Quelques bonnes adresses

Commencez par la vénérable Royal Copenhagen (p. 165), connue pour sa porcelaine Flora Danica qu'elle produit depuis plus de 200 ans, et son service Blue Fluted. Rendez-vous également chez Normann (p. 83), qui édite le vase Grass, modelé façon brins d'herbe, de Karen Kjældgård, et les tasses, mazagrans et presse-citron pleins d'humour d'Ole Jensen. Pour mettre en lumière ces objets, direction Louis Poulsen (p. 166), qui vend une gamme de lampes murales et de suspensions révolutionnaires conçues par Poul Henningsen. À voir aussi, Illums Bolighus (p. 33) et les suspensions délicates de Louise Campbell.

JUHL ET SON PÉLICAN

L'un des premiers designers à se lancer dans la production à grande échelle fut **Finn Juhl** (1912-1989). À la différence de ses confrères plutôt portés sur le hêtre, il s'est intéressé au teck, alors massivement importé des Philippines, auquel il donne des formes abstraites et sculpturales. Le Design Museum Danmark (p. 57) et la maison qu'il a conçue à Ordrupgaard dans ses moindres détails (p. 98) réunissent la plupart de ses prouesses : le fauteuil Pélican, les saladiers en bois… sans oublier le superbe sofa Poeten (« Le Poète ») qui a remporté en 2010 le Wallpaper Design Award de la meilleure réédition.

JACOBSEN ET SA FOURMI

De tous les designers d'après-guerre, le plus célèbre est l'architecte **Arne Jacobsen** (1902-1971) qui a « libéré » le meuble scandinave de la tradition du bois naturel. La Fourmi (Myren), conçue en 1952 pour la cantine d'un laboratoire pharmaceutique, est la première chaise en contreplaqué moulé mais aussi le siège danois le plus vendu dans

Chaise Fourmi (Arne Jacobsen)

le monde (7 millions d'exemplaires !). Ses autres best-sellers ? Le fauteuil Cygne (Svanen), dessiné pour le Radisson Blu Royal Hotel (Hammerichsgade 1 – G8) et la série d'ustensiles de cuisine, éditée par Stelton. Tous deux séduisent par leurs proportions harmonieuses.

MANZ ET LE MINUSCULE

Ce goût de la sobriété, on le retrouve aussi dans les rangs de la jeune génération. **Cecilie Manz** (née en 1972 et diplômée en 1997) cultive un minimalisme quasi japonais et une palette de gris inspirée du peintre Vilhelm Hammershøi (p. 63). Chaise-échelle, stéréo B&O… : à partir de matériaux humbles, elle crée des meubles et des objets qui ont beaucoup de poésie, et déjà leur place dans les collections du Design Museum (p. 57). Parmi ses dernières créations, on retient Le Minuscule, un fauteuil dont la coquille, très enveloppante (40 cm de hauteur), est déclinée en 14 coloris.

TROIS AUTRES NOMS À SUIVRE

• **Hans Sandgren Jakobsen** (né en 1963), qui a travaillé aux côtés de Nanna Ditzel, surfe lui aussi sur le concept du *Less is more*. On le voit peu à Copenhague – il opère à Grenå, dans le Jutland (www.hans-sandgren-jakobsen. com) – mais son tabouret Gallery, en frêne lamellé collé et cintré, est un must. • **Leif Jørgensen**, né en 1968, travaille à Dragør (Søndre Tangvej 20, voir plan des environs ; ☎ 32 10 20 99 ; www.leifjorgensen.com). Il a dessiné pour Hay (p. 167) des lits, tables et portants Loop au graphisme parfaitement maîtrisé. On lui doit aussi le mobilier du lounge Vega (p. 147). • **John Sebastian**, que *Wallpaper* a élu parmi les vingt meilleurs jeunes designers du monde, est né en 1975. Il travaille à Frederiksberg (Bentzonsvej 54 – B3 ; ☎ 26 14 14 79 ; www.johnsebastian.dk) et il est l'auteur, entre autres, d'un beau pichet isotherme pour Stelton.

Carnet

PRATIQUE

Retrouvez toutes nos adresses localisées sur les cartes et plans grâce à un numéro coloré.

| • 56 | • 35 | • 28 |
| Restos | Bars | Boutiques |

Le numéro renvoie à sa notice détaillée dans le chapitre concerné.

QUAND PARTIR ?

Le Danemark a le climat le plus doux des pays nordiques. La meilleure période pour y passer quelques jours ? De mai à mi-septembre. Mai est le moins pluvieux. En juin, le soleil se couche après 22h et vous pouvez profiter au maximum de votre week-end. En juillet, la capitale est désertée par ses

Se renseigner avant de partir

Tourisme au Danemark : **www.visitdenmark.com**

Tourisme à Copenhague : **www.visitcopenhagen.com**

L'ambassade du Danemark : **77, av. Marceau, 75116 Paris** • ☎ **01 44 31 21 21** • **www. frankrig.um.dk**

La Maison du Danemark : **142, av. des Champs-Élysées, 75008 Paris** • ☎ **01 56 59 17 40** • **www.maisondudanemark.dk**

habitants – l'école reprend vers le 9 août – mais les températures sont agréables : 23 °C tout au plus, avec des nuits fraîches et une eau de mer à 19 °C. L'hiver réserve des paysages souvent enneigés et féeriques. Dommage qu'il soit longuet : en décembre, le soleil se couche dès 15h30 ! Météo sur **www.dmi.dk**

POUR Y ALLER

EN AVION

• Air France
La compagnie propose plusieurs vols quotidiens au départ de Paris-CDG à destination de Copenhague. Durée : 1 h 50. Les tarifs varient beaucoup en fonction des disponibilités. Hors saison, les meilleurs prix tournent autour de 88 € l'aller-retour. **Renseignements et réservation : ☎ 36 54 ou www.airfrance.fr**

• SAS
La compagnie scandinave assure plusieurs vols directs entre Copenhague et Paris-CDG, Nice, Biarritz (l'été), Bruxelles et Genève. **Renseignements et réservation : ☎ 0825 325 335 ou www.flysas.fr**

• EasyJet et Norwegian
Ces deux compagnies low-cost affichent des prix attractifs. Pour en bénéficier, il faut toutefois réserver longtemps à l'avance. **EasyJet** dessert Copenhague au départ de Paris-CDG, Lyon (en haute saison) et Bâle-Mulhouse. **Norwegian** relie Copenhague

à Paris-Orly, Nice, ainsi que Montpellier (en haute saison). **Renseignements et réservation : www. easyjet.com et www.norwegian.com**

DORMIR À COPENHAGUE

QUEL QUARTIER ?

Le meilleur pied-à-terre, pour arpenter Copenhague et profiter de vos soirées, reste **la ville intérieure** (Indre by). Vous y trouverez aussi bien des hôtels chics – autour de Rådhuspladsen, Krystalgade… – que des 3 et 4-étoiles (au S-E de Kongens Nytorv, par exemple). Les adresses les plus abordables sont traditionnellement situées dans le faubourg de **Vesterbro**, à l'ouest de la Gare centrale.

CLASSIFICATION

Les hôtels danois sont classés de 0 à 5 étoiles en fonction de 260 critères (www.horesta.dk) similaires à ceux en usage dans les autres pays européens. Cela vaut aussi pour les nombreux hôtels design – un design qui, à Copenhague, n'est pas l'apanage des seuls 5-étoiles : l'intérieur de **l'auberge de jeunesse Copenhagen City** (H. C. Andersens Boulevard 50 – H8 ; ☎ 33 11 85 85 ; www.danhostel.dk ; double avec sdb à partir de 730 Kr) a été pensé par Gubi. Plusieurs établissements ont l'écolabel Clé Verte : c'est le cas des hôtels de la chaîne Guldsmeden (Axel, p. 201).

TARIFS

Les prix varient en fonction du jour de la semaine et du taux de remplissage. Pour une nuit dans un 3-étoiles, comptez 1 600 Kr la double standard, petit déjeuner inclus. Vous voyagez seul ? Certains hôtels pratiquent des prix intéressants : au **Kong Frederik**, près du Nationalmuseet (Vester Volgade 25 – D4 ; ☎ 33 12 59 02 ; www.firsthotels.dk), la single est facturée 1 800 Kr (la double, de 2 000 à 2 600 Kr).

RÉSERVATION

Réservez longtemps à l'avance. Si vous n'êtes pas sûr de vos dates, évitez les promos trop alléchantes : elles sont souvent soumises à conditions. Dans les hôtels Arp-Hansen, par exemple, la réservation d'une chambre pré-payée n'est ni modifiable ni remboursable (www. arp-hansen.com). Vous n'avez pas réservé ? Tentez votre chance à l'office de tourisme (p. 194). **Retrouvez notre sélection d'adresses p. 199.**

SE DÉPLACER

DE L'AÉROPORT AU CENTRE-VILLE

L'aéroport (Lufthavnen) de Copenhague, connu sous le nom de Copenhagen Airport ou Kastrup, est situé à 10 km au S-E de la capitale. **Il suffit de 14 min** et d'un ticket

« 3 zones » pour rallier le centre-ville en métro ou en train. Le ticket, valable pour le métro comme pour le train, coûte 36 Kr et s'achète au guichet DSB du terminal 3 (les distributeurs acceptent pièces et cartes bancaires).

En métro

Votre hôtel se situe du côté de Christianshavn, Kongens Nytorv, Nørreport ou Frederiksberg ? Optez pour le **métro (M2) qui relie l'aéroport au centre toutes les**

4 ou 6 min. On accède au par l'escalator ou l'ascenseur situé au fond du terminal 3, juste après le guichet DSB.

En train

Votre hôtel se situe du côté de Vesterbro, la Gare centrale ou Østerport ? Optez pour le **train (Regionaltog ou Øresund) qui** relie l'aéroport au centre *via* Tårnby et Ørestad toutes les 10 min (toutes les heures de minuit à 3h). Le quai est sous le terminal 3.

Pensez-y !

Formalités

Les ressortissants des pays membres de l'Union européenne, y compris les mineurs de moins de 16 ans, doivent être en possession d'une carte d'identité ou d'un passeport valide. Pour les citoyens des autres pays, un visa peut être exigé. En cas de doute, renseignez-vous auprès du consulat du Danemark : www.frankrig.um.dk

En cas de perte ou de vol de vos papiers, contactez l'**Ambassade de France : Ny Østergade 3 (I7) • ☎ 33 67 01 00 • https://.dk.ambafrance.org • Sans r.d.v. lun.-ven. 8h30-12h30, par tél. 14h-16h30.**

Santé

Vous suivez un traitement ? Songez à emporter suffisamment de médicaments : il n'est pas sûr que vous retrouviez les mêmes à Copenhague. Pensez aussi, avant de partir, à demander à votre Caisse d'assurance maladie la Carte européenne : en cas d'urgence, vous pourrez recevoir durant votre séjour au Danemark une aide médicale gratuite (ou remboursable à votre retour).

Douane

Vous venez d'un pays membre de l'UE ? Si vos achats sont réservés à un usage personnel, vous n'avez pas à les déclarer ni à payer de taxes. Vous êtes seulement tenu de déclarer à votre arrivée au Danemark ou à votre retour en France les sommes d'un montant égal ou supérieur à 10 000 € (ou leur équivalent en devises).

Renseignements complémentaires : www.douane.gouv.fr • www.skat.dk

En taxi

Comptez 250 à 300 Kr
pour vous rendre en taxi de
l'aéroport au centre-ville.
Durée du trajet : 15-20 min.

SUR PLACE

Lire la carte

La carte vous paraîtra tout de
suite plus claire lorsque vous
saurez que *gade* signifie **« rue »** ;
stræde, **« ruelle »** ; *allé*, **« allée »** ;
plads, **« place »** ; *park*, **« parc »** ;
have, **« jardin »** ; *havn*, **« port »**
et *sø*, **« lac »**. Certains noms
se ressemblent assez : soyez
attentif ! Kronprinsensgade
et Kronprinsessegade sont
deux rues très différentes !

Titres de transport

Les régies des métros, bus,
trains et bateaux du Grand
Copenhague ont les mêmes billets
et les mêmes tarifs. **Le réseau
est simplement divisé en *zoner*.**
On compte 2 zones pour circuler
dans le centre, 3 zones pour se
rendre à l'aéroport, 4 zones pour
Klampenborg et 5 pour Sorgenfri...
Il vous faut donc choisir vos titres
de transport en fonction du nombre
de zones et de la fréquence de vos
déplacements. Ne voyagez pas
sans : il vous en coûterait 750 Kr.
Les enfants de moins de 12 ans,
accompagnés d'un adulte,
voyagent gratuitement. Les
12-16 ans bénéficient d'un tarif
réduit. Les billets s'achètent à
l'aéroport, dans les gares, les
stations de métro, les kiosques

et sur www.dinoffentligetransport.
dk. Des plans du réseau sont
disponibles dans la plupart
des stations (et au dos de
notre plan général).
• **Enkeltbillet :** billet à l'unité
(24 Kr pour 2 zones, 36 Kr pour
3 zones), valable 1 h. Se composte.
• **City Pass :** forfait pour 1 pers.,
donnant un accès illimité à tous
les transports publics pendant
24 h (80 Kr) ou 72 h (200 Kr) à
l'intérieur des zones 1, 2, 3 et 4.
• **24-timers billet :** billet à 130 Kr,
valable pendant 24 h dans toutes
les zones du Grand Copenhague
(de Helsingør au nord à Roskilde
à l'ouest et Køge au sud).
• **FlexCard 7-days :** forfait
pour des trajets illimités dans
tous les transports durant 7 j.
pour le nombre de zones qu'on
choisit (de 250 à 675 Kr).
• **Copenhagen Card :** pass
valable 24, 48, 72 ou 120 h pour
tous les transports, ainsi que
pour 79 musées et attractions.
Avantageux s'il est utilisé à haute
dose, il s'achète à l'aéroport, à
l'office de tourisme (p. 194), dans
plusieurs hôtels et en ligne.
**Horaires des différents moyens
de transport (hors *havnebus*) sur
www.rejseplanen.dk**

Le métro

Service clientèle (Kundecenter) :
☎ 70 15 16 15 (lun.-ven. 8h-16h)
• www.m.dk
Le réseau est constitué de 2 lignes
automatisées qui desservent
22 stations, 24h/24, toutes les
2-6 min le jour (8-20 min la nuit).

La M1 circule entre Vanløse (au nord-ouest) et Vestamager (au sud) ; la M2, entre Vanløse et l'aéroport (Lufthavnen). À ces deux lignes, qui s'arrêtent toutes deux à Nørreport, Kongens Nytorv et Christianshavn, s'ajoutera en 2019 la Cityringen (M3), une boucle souterraine qui desservira 17 stations autour du centre-ville. La M4, également en construction, desservira notamment Nordhavn, Kongens Nytorv et la Gare centrale.

• **Objets perdus :** ils sont conservés 10 j. en station puis remis au *Hittegodskontor* de la police (☎ 38 74 88 22).

Le S-tog

Service clientèle (Kundecenter) : ☎ 70 13 14 15 (lun.-ven. 8h-18h, sam.-dim. 9h-15h) • www.dsb.dk/s-tog
Le réseau express régional relie 84 stations du Grand Copenhague. Il comprend 7 lignes, identifiées par des lettres (A, B, Bx, C, E, F et H), qui circulent de 5h à 0h30 et assurent, pour quatre d'entre elles, un service continu durant les nuits de vendredi et samedi. Horaires complets au format .pdf sur : www.dsb.dk/trafikinformation/koreplaner/koreplaner-strakningskoreplaner-pdf

Le bus

Service clientèle (Kundecenter) : ☎ 70 15 70 00 (lun.-ven. 7h-21h30, sam.-dim. 8h-21h30) • www.dinoffentligetransport.dk
Les bus sont jaunes et très utiles pour sillonner les faubourgs : le 14 relie Ryparken Station à Ny Ellebjerg Station *via* Nørreport, le 10 vous évite d'arpenter l'Istedgade. Les bus A – les plus fréquents – circulent toutes les 3-7 min aux heures de pointe. Les bus S, comme le 350S qui vous dépose à Dragør, sont les plus rapides mais ne s'arrêtent pas partout. Les bus N, comme le 81N bien connu des noctambules de Nørrebro, circulent toutes les nuits de 1h à 5h.

Le bateau

Service clientèle (Kundecenter) : ☎ 70 15 70 00 (lun.-ven. 7h-21h30, sam.-dim. 8h-21h30).
On appelle *havnebus* le bateau-bus qui relie les deux rives du port : la ligne Refshaleøen-Teglholmen *via* l'Opéra, Nyhavn et le Diamant noir porte le n° 991 dans le sens nord-sud, et 992 dans le sens sud-nord. La 993 assure la liaison entre Nyhavn et l'Opéra, toutes les 20 min, du lun. au ven. 9h-22h50. Les bateaux ne naviguent pas lorsque le niveau de la mer est supérieur à la normale.

Le vélo

C'est LE mode de transport copenhaguois ! Voir p. 64-65.

Le taxi

Vous pouvez l'attendre sagement à la station ou le héler dans la rue : s'il est libre, le mot *taxi* ou *fri* est allumé. Vous pouvez aussi le commander par téléphone mais c'est un peu plus cher. Tarif en vigueur : 24 Kr de prise en charge (37 Kr s'il a été réservé par téléphone) ; 15,25 Kr le km de 7h à 16h ; 19,15 Kr le km les

Se balader dans les environs

Pour aller à Roskilde (p. 86) :
Tous les trains à destination d'Odense ou de Kalundborg s'arrêtent à Roskilde ; trajet au départ de la Gare centrale (København Hovedbanegård - G8) : 30 min ; prix : 192 Kr l'A/R (gratuit avec la CPH Card).

Pour égrener les perles de la côte (p. 92) :
Pour rallier Helsingør (Elseneur), il faut compter 45 min en S-tog (équivalent du RER) depuis la Gare centrale (158 Kr l'A/R). La plupart des trains « Kystbanen » à destination de Helsingør s'arrêtent à Klampenborg, Rungsted et Humlebæk ; trajet au départ de la Gare centrale : respectivement 20 min (96 Kr l'A/R) ; 30 min (168 Kr l'A/R) ; 35 min (216 Kr l'A/R) (gratuit avec la CPH Card).

Pour vous rendre à Malmö (p. 100) :
Il faut prendre le métro ou le S-tog jusqu'à Lufthavnen (station de l'aéroport), puis le train « Øresund » jusqu'à Malmö C. Trajet depuis Lufthavnen : 25 min ; prix : 178 Kr l'A/R. Attention : pensez à prendre votre pièce d'identité, elle vous sera demandée au moment de prendre le train.

Horaires pour tous les trains sur www.rejseplanen.dk
Achat sur www.dinoffentligetransport.dk

nuits de ven. à sam., sam. à dim. et les jours fériés ; supplément gros bagage ou vélo : 20 Kr. Le pourboire est toujours compris. Si vous souhaitez payer par carte bancaire, annoncez-le au chauffeur en début de course.
• Taxa 4x35 : ☎ 35 35 35 35 • www.taxa.dk
• Dantaxi : ☎ 70 25 25 25 • www.dantaxi.dk

À pied
La « ville intérieure » est peu étendue – 4 km² –, ce qui devrait vous permettre de voir l'essentiel à pied, en toute liberté. **Évitez néanmoins de marcher sur les pistes cyclables, de traverser au rouge ou en dehors des passages piétons. Ici, l'amende n'est pas symbolique (700 Kr, soit 73 € !)** et les Danois n'hésiteront pas à vous rappeler à l'ordre. Certains croisements sont dotés de signaux sonores et de feux à décompte : ils affichent le nombre de secondes qu'il vous reste pour traverser.

À VOIR, À FAIRE

OFFICE DE TOURISME

Copenhagen Visitor Service : Vesterbrogade 4B - G8 ; Bus 5A, 6A, 9A, 10, 12, 14, 26, 31 ou

S-tog København H • ☎ 70 22 24 42
• www.visitcopenhagen.com
• Jan.-fév. et oct.-déc. : lun.-sam.
9h-16h, dim. 9h-14h ; mars-avr. :
t.l.j. 9h-16h ; mai-juin et sept. : lun.-sam.
9h-18h, dim. 9h-16h ; juil.-août : lun.-ven.
9h-20h, sam.-dim. 9h-18h ; f. 1er jan.,
lun. de Pâques et 24-25 déc.
Tout près de la Gare centrale
et de l'entrée principale de
Tivoli, l'office de tourisme est
une mine d'or où vous trouverez
dépliants, plans et programmes
en libre-service. Pour toute
demande d'info, réservation
d'hôtel ou achat de la CPH Card,
prenez un numéro et patientez :
selon les heures, il peut y
avoir beaucoup de monde.

LE *PASS* POUR VISITER MALIN

Si vous envisagez de visiter
beaucoup de musées, procurez-
vous la **Copenhagen Card**
(CPH Card). En vente à l'aéroport, à
l'office de tourisme, dans plusieurs
hôtels et en ligne, elle donne
accès à 79 musées, châteaux et
autres sites du Grand Copenhague
et sert de billet illimité dans
tous les transports publics de la
région, de Roskilde à Elseneur.
Copenhagen Card :
www.copenhagencard.com
• Tarif : 389 Kr/24 h, 549 Kr/48 h,
659 Kr/72 h, 889 Kr/120 h.

VISITES GUIDÉES

La plupart des tours guidés sont
réservés à des groupes déjà
constitués. Pour les voyageurs
individuels, il existe néanmoins
mille et une façons d'explorer
Copenhague. À commencer par la
plus séduisante, le bateau-mouche !

En bateau
• Canal Tours
Billetterie : Gammel Strand 1 (près de
Højbro), Nyhavn • ☎ 332 96 30 00 (t.l.j.
9h30-18h) • www.stromma.dk
Canal Tours dispose d'une flottille
de 16 bateaux et organise des tours
guidés dans le port. Il n'y a qu'un

Jours fériés

Nytårsdag **(Nouvel An)** :
1er janvier.

Skærtorsdag **(Jeudi saint)** :
jeu. précédant Pâques.

Langfredag **(Vendredi saint)** :
ven. précédant Pâques.

1. Påskedag **(Dimanche de
Pâques)**

2. Påskedag **(Lundi de Pâques)**

St. Bededag **(Jour de la
prière)** : 1er mai

Kr. Himmelfartsdag
(Ascension)

1. Pinsedag **(Pentecôte)**

2. Pinsedag **(Lundi de
Pentecôte)**

Grundlovsdag **(fête nationale)** :
5 juin

1. Juledag **(Noël)** : 25 décembre

2. Juledag **(lendemain de
Noël)** : 26 décembre.

Infos très très pratiques

Alphabet

Dans les annuaires, index ou dictionnaires, vous trouverez les mots ou noms commençant par Æ, Ø, Å à la fin car ces lettres-là sont les dernières de l'alphabet. Notez que les mots peuvent se présenter sous des formes différentes : en danois, l'article défini se place après le nom et s'agglutine à lui. Donc : *rådhus* (mairie), *rådhuset* (la mairie), *museum* (musée), *museet* (le musée)... Voir aussi le lexique p. 202.

Voltage et heure locale

Le courant est le même qu'en France (220 volts) et les prises sont identiques.

Pas de décalage horaire entre Copenhague et Paris.

Pourboire

Il n'est plus dans les usages de donner un pourboire au chauffeur de taxi, au coiffeur ou au serveur. Dans les hôtels, restaurants et cafés, le service est toujours inclus.

Écrire et téléphoner

Les timbres *(frimærker)* sont vendus dans les bureaux de poste. Les boîtes aux lettres, rouges, portent l'inscription *post*. Tarif : 25 Kr pour une lettre prioritaire vers la France.

Pour téléphoner à Copenhague depuis la France, composez le 00 45 (indicatif du Danemark) suivi du numéro de votre correspondant. Pour appeler Malmö depuis Copenhague ou depuis la France, composez le 00 46 (indicatif de la Suède) suivi du numéro de votre correspondant sans le 0 initial.

Pour appeler la France depuis Copenhague ou depuis Malmö, composez le 00 33 suivi du numéro de votre correspondant sans le 0 initial. **Les cabines publiques** fonctionnent avec des pièces de 50 øre, 1, 2 et 5 Kr (elles ne rendent pas la monnaie !) ou des cartes prépayées *(telekort)* de 30, 50 ou 100 unités en vente dans les bureaux de poste et en kiosque, comme la Tele Station de la Gare centrale (Banegårdspladsen 1 - G8 ; www.telestation.dk ; lun.-ven. 10h-18h, sam. 10h-17h).

Adresses et numéros utiles en cas d'urgence

• ☎ **112** (police, ambulance ou pompiers) • ☎ **114** (commissariat le plus proche) • ☎ **38 74 88 22** (objets trouvés) • **Ambassade de France :** voir p. 191.

seul départ quotidien en hiver mais quatre par heure à la belle saison, de 9h15 à 17h (19h30 de mi-juin à début sept.). Tarif : 80 Kr, durée 1 h. Le tour au départ de Gammel Strand est gratuit pour les détenteurs de la CPH Card. La formule *Open Tour hop-on hop-off* permet, pendant 48 h, de monter et de descendre à volonté du bateau. Il y a 14 arrêts (dont le fort de Trekroner et le beachclub Halvandet). Tarif : 110 Kr. Il existe également des mini-croisières avec orchestre de jazz (150 Kr ; 1 h 30) et dîner à bord (499 Kr ; 2 h).

À vélo

• **Bike Mike Tours**
Sankt Peders Stræde 47 (G7) ;
Bus 5A, 6A, 14 • ☎ 26 39 56 88
• www.bikecopenhagenwithmike.dk
Le **city tour** est une boucle de 15 km (3 h-3 h 30), commentée en anglais, du Quartier latin au Diamant noir *via* la Petite Sirène et Nyhavn : départ t.l.j. à 10h (et à 14h d'avril à oct., les mer. et sam.). Il existe aussi un *ride & dine tour* de 24 km, à 19h, d'avril à sept. Tarif : 299 Kr (pas de paiement par carte). Voir aussi p. 64-65.

En bus

• **City Sightseeing**
☎ 32 96 30 00 • www.stromma.dk
Le tour commenté en français *Hop-on Hop-off* permet, pendant 48 h, de monter et de descendre à volonté du bus. Il y a deux itinéraires : le *Mermaid tour* (Rosenborg, Petite Sirène, Nyhavn) et le combiné bus et bateau.

Tarifs : 175 Kr pour le *Mermaid tour* et 245 Kr pour le billet combiné. Départ de Vesterbrogade, face à l'hôtel Radisson (G7).

À pied

• **Copenhagen Walks**
www.copenhagenwalks.com
De mi-mai à mi-sept., balades guidées en anglais, au départ de l'office de tourisme (p. 194), à la découverte du Copenhague romantique, royal ou littéraire sur les pas d'Andersen et de Kierkegaard (voir p. 44). Tarif : 140 Kr.
• **Historical City Walks**
☎ 28 49 44 35 • www.historytours.dk
D'avril à sept., tours guidés en anglais par un historien le sam. à 10h au départ de Højbro Plads (H7). Le thème dépend de la semaine : Copenhague au temps de la Réforme, le XIXe siècle... Tarif : 90 Kr. Pas de réservation nécessaire.

MUSÉES ET CHÂTEAUX

En règle générale, les musées sont ouverts du mar. au dim. de 10h à 17h. Quelques-uns font « nocturne » le mer. jusqu'à 20h. Hors saison, les horaires - ceux des châteaux notamment - sont plus restreints. Le billet d'entrée varie de 40 Kr (Politimuseet, p. 80) à 125 Kr (Louisiana, p. 94). Certains musées sont **gratuits** une fois par semaine. C'est le cas du Thorvaldsen Museum (p. 36, gratuit le mer.) et de la Carlsberg Glyptotek (p. 24, gratuite le mar.).

PROGRAMME

Quelques pistes pour connaître l'actualité des cinémas et salles de concerts ? Reportez-vous à notre rubrique **« S'informer »** (p. 134). Pour les galeries d'art, consultez **le dépliant « CPH artguide »** (disponible à l'office de tourisme, p. 194) ou sa version en ligne : **www.cphartguide.dk**

ET LE BUDGET ?

Une fois payé l'hôtel et le transport, il vous faut compter, pour deux jours, un budget de 350-400 € environ, à dépenser sur place en transports, restaurants, musées, cafés... Comptez environ 40 Kr pour un thé ou un jus de fruit, 60 Kr une part de cheesecake, 95 Kr l'entrée à la Glyptotek, 99 Kr la formule buffet chez Riz Raz (p. 111), 275 Kr un menu 2 plats pour 1 personne, 330 Kr un petit déjeuner pour 2 chez Granola (p. 120), 549 Kr pour une CPH Card 48 h et 700 Kr pour un dîner à deux.

COMMENT PAYER ?

Le Danemark ne fait pas partie de la zone euro. La monnaie danoise est la couronne (krone, en abrégé Kr ou DKK) divisée en 100 øre. Il existe des billets de 50, 100, 200, 500 et 1 000 Kr, des pièces de 50 øre, 1, 2, 5, 10 et 20 Kr. Pour connaître le taux de change actuel, consultez la page Internet

www.xe.com/fr/currencyconverter En décembre 2017, 1 € valait 7,44 DKK ; 1 DKK = 0,13 €. Il est plus avantageux de changer ses devises dans une banque (type Danske Bank) que dans les kiosques (type Forex). Le bureau de change qui affiche le meilleur taux est l'agence Tavex située au n° 6 de Skoubogade (www.tavex.dk). Vous pouvez aussi retirer des couronnes à un distributeur automatique avec votre **carte bancaire**, à condition toutefois de limiter le nombre de retraits, votre banque prélevant une commission sur chaque opération (env. 2,70 % du montant + taxe fixe). Pour le paiement dans les commerces et le remboursement de la TVA, voir p. 156. **Par ailleurs, en Suède aussi, la monnaie est la couronne** (krona, en abrégé Kr ou SEK) mais ce n'est pas la même qu'au Danemark : si vous allez de l'autre côté du Sund, pensez à retirer des SEK au distributeur de la gare de Malmö ! En décembre 2017, 1 € valait 9,97 SEK ; 1 SEK = 0,10 €.

Perte ou vol de votre carte
Avant de partir, pensez à noter au préalable le numéro à 16 chiffres et la date de validité de votre carte de paiement. Voici les numéros pour faire opposition :
Visa : ☎ 80 01 02 77
MasterCard : ☎ 80 01 60 98
American Express :
☎ 00 33 1 47 77 72 00
Toutes cartes : ☎ 00 33 442 605 303.

Nos hôtels
PAR QUARTIER

Rådhuspladsen (Quartier 1 – p. 22)

HOTEL DANMARK

Un 3-étoiles bien situé, doté d'une cour où l'on peut petit-déjeuner en été. La déco des chambres est soignée et celle du lobby, un mix réussi de lambris, verre et papier peint anisé. **Vester Voldgade 89 (H8) ; Bus 1A, 2A, 9A, 12, 26, 33, 40 • ☎ 33 11 48 06 • www.brochner-hotels.dk • À partir de 600 Kr.**

HOTEL ALEXANDRA

Le mobilier de cet hôtel, inauguré en 1910, a été conçu par des pionniers du design danois. On a le choix entre la suite Verner Panton (35 m²), la chambre Finn Juhl avec vue sur cour, la Danish retro superior de 14 m²... **H. C. Andersens Boulevard 8 (G7) ; Bus 5A, 6A, 250S • ☎ 33 74 44 44 • www.hotelalexandra.dk • À partir de 940 Kr.**

Strøget, Nørreport et Nationalmuseet (Quartiers 2 p. 28 et 3 p. 32)

SP34

Ouvert en 2014, cet établissement 4-étoiles de 117 chambres se situe dans le Quartier latin, à quelques pas de Tivoli et de l'Ørstedsparken. Les chambres sont petites, mais leur design étudié est typique de Copenhague. Vin gratuit de 17h à 18h. **Sankt Peders Stræde 34 (G7) ; Bus 5A, 6A, 14 • ☎ 33 13 30 00 • www.brochner-hotels.dk • À partir de 800 Kr ; petit déj. : 195 Kr.**

HOTEL TWENTYSEVEN

On comprend qu'il ait été élu « l'hôtel le plus *trendy* de Copenhague » en 2011 : ses 200 chambres d'un style scandinave savamment épuré semblent tout droit sorties d'un magazine de déco ! Bon rapport qualité/prix. **Løngangstræde 27 (H8) ; Bus 1A, 2A, 5A • ☎ 70 27 56 27 • www.firsthotels.dk • À partir de 995 Kr.**

Kongens Nytorv (Quartier 6 – p. 50)

HOTEL CITY

À deux pas du « port intérieur », un hôtel de 1955 (les clients,

à l'époque, étaient surtout des marins en escale), rénové en 2009. La déco ? Des sièges design de Jacobsen et Gubi, des

photos de jazzmen... Attention : les lits des singles sont étroits ! Promotions sur le site.
Peder Skrams Gade 24 (I7) ; Bus 1A, 66 ou Mᵒ Kongens Nytorv • ☎ 33 13 06 66 • www.hotelcity.dk • À partir de 1 400 Kr.

COPENHAGEN STRAND

Joliment situé face au « port intérieur », un ancien entrepôt en briques de 1869 converti en hôtel 3-étoiles de 174 chambres qui affichent un décor assez classique et plusieurs types de tarifs (*romantisk weekend, miniferie...*). La formule « bed & breakfast » est très intéressante.
Havnegade 37 (I7) ; Bus 1A ou Mᵒ Kongens Nytorv • ☎ 33 48 99 00 • www.copenhagenstrand.dk • B & B : à partir de 909 Kr.

Frederiksstaden (Quartier 7 - p. 22)

HOTEL SKT. ANNÆ

À un saut de puce de Nyhavn, cet ancien hôtel de passe (il fallait chuchoter le mot « Neptun », son précédent nom, pour y accéder !) a été converti en un charmant 4-étoiles de 113 chambres et suites. Délicieux petit déj' bio ; le soir, buffet léger gratuit. La terrasse sur le toit est ouverte en été.
Sankt Annæ Plads 18-20 (I7) ; Bus 1A, 26, 66 ou Havnebus 991/992 • ☎ 33 96 20 00 • www.hotelsktannae.dk • À partir de 1 000 Kr.

ADMIRAL HOTEL

Aménagé au bord de l'eau, dans un vieil entrepôt de céréales (1787), cet hôtel plutôt chic, mi-rustique mi-design, propose sur son site d'intéressantes promos (parfois, la double prépayée n'excède pas les 990 Kr).
Toldbodgade 24-28 (I6) ; Bus 1A, 26 ou Havnebus 991/992 ou 993 • ☎ 33 74 14 14 • www.admiralhotel.dk • À partir de 1 240 Kr.

Rosenborg (Quartier 8 - p. 24)

HOTEL ØSTERPORT

Un ancien abri de la Seconde Guerre mondiale, transformé en hôtel ultra-moderne de 170 chambres. Très pratique pour rallier l'aéroport en DSB Øresund ou rayonner en S-tog. Petit déjeuner façon *take-away*. Location de vélos.
Oslo Plads 5 (E2) ; Bus 1A ou S-tog Østerport • ☎ 70 12 46 46 • www.hotelosterport.dk • À partir de 695 Kr.

GENERATOR

Moins douillet qu'un hôtel, mieux tenu qu'une auberge de jeunesse, le Generator de Copenhague dispose de chambres doubles basiques mais fonctionnelles. Une bonne solution pour ne pas avoir à casser sa tirelire. Consigne à bagages et à vélos, réception ouverte 24h/24.

Adelgade 5-7 (I6) ; Bus 1A, 26 ou M° Kongens Nytorv • ☎ 78 77 54 00
• www.generatorhostels.com
• À partir de 480 Kr ; petit déj. : de 65 à 75 Kr.

Nansensgade (Quartier 9 - p. 26)

IBSENS HOTEL

Cet hôtel *hyggelig* à l'esthétique plaisante est situé près du Jardin botanique et de l'Ørstedsparken. Plusieurs créateurs de la rue ont contribué, en 2011, à la déco de ses différentes catégories de chambres

(*small*, *tiny*, *medium*...) : Krestine Kjærholm a réalisé les textiles, Piet Breinholm le cuir des porte-clefs...
Vendersgade 23 (G6) ; Bus 5A, 14, 40, M° ou S-tog Nørreport
• ☎ 33 13 19 13 • www.arthurhotels.dk
• À partir de 1 055 Kr ; petit déj. bio : 155 Kr.

Vesterbro (Quartier 11 - p. 30)

WAKEUP COPENHAGEN

À mi-chemin entre le centre commercial Fisketorvet et la Gare centrale, cet immeuble signé Kim Utzon empile 510 chambres de 12 à 15 m² sur 12 étages. Les tarifs *economy* ne sont ni modifiables ni remboursables. Seules les *heaven* à 700 Kr ont une vue « panoramique ».
Carsten Niebuhrs Gade 11 (D5) ; S-tog Dybbølsbro ou København H • ☎ 44 80 00 00 • www.wakeupcopenhagen.com
• À partir de 500 Kr ; petit déj. : 80 Kr.

AXEL

Ce 4-étoiles, qui cultive un style mi-balinais mi-scandinave avec tapis persans, lits à baldaquin et duvets d'oie, est non seulement charmant et

branché mais aussi écoresponsable ! Spa (payant) en libre-service.
Helgolandsgade 11 (C4) ; Bus 6A, 10, 14, 26 ou S-tog København H
• ☎ 33 31 32 66 • www. guldsmedenhotels.com • À partir de 999 Kr ; petit déj. bio : 175 Kr.

BERTRAMS

Dans un immeuble de 1906, 47 chambres à la déco minimaliste mais inspirée : briques apparentes, parquets peints en blanc... Certaines donnent sur le jardin. Ce dernier est accessible et offre la possibilité de s'attabler autour d'un café ou de se détendre dans une chaise longue.
Vesterbrogade 107 (B4) ; Bus 3A, 6A
• ☎ 70 20 81 07 • www.guldsmeden hotels.com • À partir de 1 526 Kr ; petit déj. bio : 140 Kr.

Lexique

LES VOYELLES

e = parfois *é* fermé (*se*, voir) ; parfois *è* ouvert (*stjerne*, étoile) ; en finale, comme le e de « mange » (*have*, jardin) ; exceptionnellement *i* (*de*, « les, ils, elles, vous »)

u = *ou* comme dans « chou »

y = *u* comme dans « lune »

æ = *è* comme dans « tête »

ø = parfois *eu* fermé comme dans « peu » (*hø*, foin) ; parfois *œu* ouvert comme dans « cœur » (*dør*, porte)

å = tantôt *o* fermé comme dans « mot » (*skole*, école) ; tantôt *o* ouvert comme dans « grotte » (*måtte*, paillasson)

LES CONSONNES

d = entre deux voyelles ou à la fin d'un mot, se prononce plutôt comme le *th* anglais de father (*bad*, bain) ; mais muet devant t, s et après n, r, l (*told*, douane)

g = parfois dur comme dans « gai » (*gade*, rue) ; parfois muet (*kage*, gâteau) ; *eg* et *øg* se prononcent aï et œuï

h = très aspiré mais muet devant un v ou un j (*hvor*, où)

j = *y* comme dans « balayer »

ng = comme dans « camping »

s = toujours ss (jamais z)

v = v sauf dans *syv* (sept), où le v se prononce *ou* ; et dans *havn* (port), où il se prononce plutôt *au*.

EXPRESSIONS USUELLES

Salut ! : *hej !*
Bonjour (avant 9 h) : *god morgen*
Bonjour (journée) : *goddag*
Bonsoir : *god aften*
Bonne nuit : *god nat*
Au revoir : *farvel*
Madame : *fru*
Mademoiselle : *frøken*
Monsieur : *herre*
Je ne comprends pas : *jeg forstår ikke*
Merci : *tak*
Je vous en prie : *selv tak*
S'il vous plaît : *vær så venlig*
Oui/non : *ja/nej*
Excusez-moi : *undskyld*
Parlez-vous français ? : *taler du fransk ?*
Hyggelig : confortable, cosy

ESPACE ET TEMPS

Où se trouve... ? : *hvor ligger... ?*
À droite : *til højre*
À gauche : *til venstre*
Tout droit : *lige ud*
Quand : *hvornår ?*
Aujourd'hui : *i dag*
Hier : *i går*
Avant-hier : *i forgårs*
Demain : *i morgen*
Après-demain : *i overmorgen*
Maintenant : *nu*
Ce matin : *i morges*
Ce soir : *i aften*
Lundi : *mandag*
Mardi : *tirsdag*
Mercredi : *onsdag*
Jeudi : *torsdag*
Vendredi : *fredag*
Samedi : *lørdag*
Dimanche : *søndag*
Quelle heure est-il ? : *hvad er klokken ?*

FAIRE DU SHOPPING

Combien coûte... ? : *hvad koster... ?*
Puis-je essayer ? : *må jeg prøve ?*
Coton : *bomuld*
Cuir : *læder*
Laine : *uld*
Prix : *pris*
Soie : *silke*
TVA : *moms*

LES NOMBRES

Zéro : *nul*
Un : *en*
Deux : *to*
Trois : *tre*
Quatre : *fire*
Cinq : *fem*
Six : *seks*
Sept : *syv*
Huit : *otte*
Neuf : *ni*
Dix : *ti*
Onze : *elleve*
Douze : *tolv*
Treize : *tretten*
Quatorze : *fjorten*
Quinze : *femten*
Seize : *seksten*
Dix-sept : *sytten*
Dix-huit : *atten*
Dix-neuf : *nitten*
Vingt : *tyve*
Vingt et un : *en og tyve*
Trente : *tredive*
Quarante : *fyrre*
Cinquante : *halvtreds*
Soixante : *tres*
Soixante-dix : *halvfjerds*
Quatre-vingt : *firs*
Quatre-vingt-dix : *halvfems*
Cent : *hundrede*
Deux cents : *to hundrede*
Mille : *tusind*

À L'HÔTEL

Auriez-vous une chambre : *har du et ledigt værelse ?*
Une chambre simple : *et enkeltværelse*
Une chambre double : *et dobbeltværelse*

Avec salle de bains : *med bad*
Pouvez-vous me réveiller à...
heures ? :
   vil du være så venlig at
   vække mig klokken... ?
Petit déjeuner : *morgenmad*
La clé : *nøglen*

AU RESTAURANT

Je voudrais... :
   jeg vil gerne have...
Addition (l') : *regningen*
Aneth : *dild*
Anguille : *ål*
Assiette : *tallerken*
Betteraves : *rødbeder*
Beurre : *smør*
Bière : *øl*
Boulettes de viande :
   frikadeller
Bouteille : *flaske*
Café : *kaffe*
Cannelle : *kanel*
Carottes : *gulerødder*
Carte (la) : *menukortet*
Cerises : *kirsebær*
Chaud : *varm*
Choux : *kål*
Cidre : *æblemost*
Coings : *kvæde*
Concombre : *salatagurk*
Cornichon : *sylteagurk*
Couteau : *kniv*
Crevettes : *rejer*
Cuillère : *ske*
Cumin : *kommen*
Déjeuner : *frokost*
Dîner : *aftensmad*
Eau (minérale) : *(mineral)vand*
Flétan : *hellefisk*
Fourchette : *gaffel*
Fraises : *jordbær*
Froid : *kold*
Fromage : *ost*
Fruits : *frugt*
Gâteau : *kage*
Glace : *is*
Hareng : *sild*
Haricots verts :
   grønne bønner
Huile : *olie*

Jambon : *skinke*
Jus de fruit : *frugtsaft*
Lait : *mælk*
Miel : *honning*
Morue : *torsk*
Moutarde : *sennep*
Noix : *nødder*
Œuf : *æg*
Oignon : *løg*
Oranges : *appelsiner*
Pain blanc : *franskbrød*
Pain de seigle : *rugbrød*
Pâté de foie : *leverpostej*
Petits pois : *ærter*
Poisson : *fisk*
Poivre : *peber*
Pommes : *æbler*
Pommes de terre : *kartofler*
Poulet : *kylling*
Prunes : *blommer*
Rhubarbes : *rabarber*
Rôti de porc : *flæskesteg*
Salade : *salat*
Sans alcool : *alkoholfri*
Saucisse : *pølse*
Saumon (fumé) : *(røget) laks*
Sel : *salt*
Sucre : *sukker*
Tasse : *kop*
Thé : *te*
Verre : *glas*
Viande : *kød*
Vin blanc : *hvidvin*
Vin rouge : *rødvin*
Vinaigre : *eddike*

EN VILLE

Aéroport : *lufthavn*
Arrêt : *stoppested*
Arrivée : *ankomst*
Avenue : *allé*
Banque : *bank*
Bateau : *båd*
Bateau-bus : *havnebus*
Billet : *billet*
Bureau de change :
   vekselkontor
Château : *slot*
Consigne : *garderobe*
Départ : *afgang*
Distributeur : *pengeautomat*

Église : *kirke*
Essence : *benzin*
Gare : *station*
Gare centrale : *hovedbanegård*
Hôpital : *sygehus*
Hôtel de ville : *rådhus*
Île : *ø*
Jardin : *have*
Lac : *sø*
Maison : *hus*
Mer : *hav*
Pharmacie : *apotek*
Piste cyclable : *cykelsti*
Place : *torv, plads*
Plage : *strand*
Police : *politi*
Pont : *bro*
Port : *havn*
Poste : *posthus*
Quai (de gare) : *perron*
RER : *S-tog*
Route : *vej*
Rue : *gade*
Station-service : *tankstation*
Train : *tog*
Voie : *spor*

LES PANNEAUX

Åben : ouvert
Blind vej : voie sans issue
Ensrettet : sens unique
Gågade : rue piétonne
Gangsti : passage piéton
Glat vej : chaussée glissante
Ikke rygere : non-fumeur
Indgang : entrée
Lukket : fermé
Nødudgang :
   sortie de secours
Optaget : occupé
Parkering forbudt :
   stationnement interdit
Pas på : attention !
Told : douane
Træk ! : tirez !
Tryk ! : poussez !
Udgang : sortie
Undtaget : excepté, sauf
Vejarbejde : travaux

Mots clés

N. B. Les lettres æ, ø et å sont les dernières lettres de l'alphabet danois. Pensez-y lorsque vous cherchez un mot ! (voir aussi p. 196).

Dernière édition revue et enrichie par **Manon Liduena**.
Édition originale établie par **Jean-Philippe Follet**.

Direction : Nathalie Bloch-Pujo
Direction éditoriale : Cécile Petiau
Édition : Marine Barbier-Blin, Eulalie Chantreux, Émilie Lézénès, Géraldine Péron,
Adam Stambul, Julie Wood
Suivi éditorial : Mélanie Rebillaud
Lecture-correction : Véronique Duthille
Ont également collaboré à cet ouvrage : Emmanuelle Fernandez, Oriane Gambatesa et
Marie Rodriguez
Cartographie : Frédéric Clémençon et Aurélie Huot
Fabrication : Rémy Chauvière

Conception graphique de la couverture
et de la maquette intérieure : Caroline Joubert • www.atelier-du-livre.fr
Mise en pages intérieure : Chrystel Arnould

Contact presse : rmazef@hachette-livre.fr - ☎ 01 43 92 36 66
Contact publicité : vhabert@hachette-livre.fr - ☎ 01 43 92 32 52

Aussi soigneusement qu'il ait été établi, ce guide n'est pas à l'abri des changements
de dernière heure, d'erreurs ou omissions. Ne manquez pas de nous faire part
de vos remarques. Informez-nous aussi de vos découvertes personnelles,
nous accordons la plus grande importance au courrier de nos lecteurs :
Guides Un Grand Week-end - Hachette Tourisme - 58, rue Jean-Bleuzen, 92 170 Vanves
weekend@hachette-livre.fr
Facebook @GuidesUnGrandWeekend • Instagram @ungrandweekend
• Twitter @ungrandweekenda

*Conformément à une jurisprudence constante (Toulouse 14-01-1887), les erreurs ou omissions
involontaires qui auraient pu subsister dans ce guide, malgré nos soins et les contrôles de
l'équipe de rédaction, ne sauraient engager la responsabilité de l'éditeur.*

Le contenu des annonces publicitaires insérées dans ce guide n'engage en rien
la responsabilité de l'éditeur.

Édité par Hachette Livre (58, rue Jean-Bleuzen, CS 70007, 92 178 Vanves Cedex)
Imprimé par Polygraf (Capajevova 44, 08199 Presov, Slovaquie)
Achevé d'imprimer : février 2018
ISBN : 978-2-01-700839-2 - 63-3322-4
Dépôt légal : février 2018 - Collection n°44 - Édition : 01